KB059362

세상을 바꾸는
여성 리더십의 비밀

세상을 바꾸는
여성 리더십의 비밀

초판 1쇄 인쇄 _ 2019년 11월 10일
초판 1쇄 발행 _ 2019년 11월 15일

지은이 _ 조금숙

펴낸곳 _ 바이북스
펴낸이 _ 윤옥초
책임편집 _ 김태윤
책임디자인 _ 이민영

ISBN _ 979-11-5877-136-2 03190

등록 _ 2005. 7. 12 | 제 313-2005-000148호

서울시 영등포구 선유로49길 23 아이에스비즈타워2차 1005호
편집 02)333-0812 | 마케팅 02)333-9918 | 팩스 02)333-9960
이메일 postmaster@bybooks.co.kr
홈페이지 www.bybooks.co.kr

책값은 뒤표지에 있습니다.

책으로 아름다운 세상을 만듭니다. ― 바이북스

세상을 바꾸는
여성 리더십의 비밀

―――― 성공하는 여성 리더십은 따로 있다

○

조금숙 지음

바이북스
ByBooks

여자의 방식은 따로 있다

'리더가 되고 싶지도 않은 남성이 왜 손을 들었을까'

이런 궁금증에서부터 이 책은 시작되었다. 예전에 리더십 교육 프로그램에 참가한 적이 있다. 교육생 중에서 회장을 뽑는 순서가 있었다. 아무도 나서지 않아 내가 손을 들었더니 조금 후에 남성 한 명이 손을 번쩍 들었다. 결과는 그 남성이 회장이 되고 내가 부회장이 되었다. 휴식 시간에 회장이 된 남성에게 나중에 손을 든 이유가 무엇인지 물어 보았다. 그의 대답이 흥미로웠다. 회장을 하고 싶어서가 아니라 여성이 손을 드는데도 수적으로 훨씬 많은 남성 중에 나서는 이가 아무도 없어 자신이 나섰다는 것이다.

결국 회장을 하고 싶지 않은 사람이 체면상 나섰고 그가 리더가 된 것이다. 리더의 역할을 별로 하고 싶지도 않은 그가 왜 리더로 뽑혔을까? 나의 부족함도 있었겠지만 우리들의 머릿속에는 일단 리더는 남성이 해야 한다는 고정 관념이 있었기 때문은 아니었을까?

세상의 반은 여성이다. 나는 특히 여성들과 함께할 기회가 많았다. 여자 중학교와 여자 고등학교를 다녔고 대학 역시 전공이 간호학인 관계로 100% 여학생이었다. 지금은 남성들도 진학하지만 그 당시만

해도 간호학과는 거의 금남구역이었다.

첫 직장인 병원의 구성원도 여성이 많았고 유아교사 시절에도 동료교사가 모두 여성이었으며, 운영했던 교육기관의 교육생도 90% 이상이 여성이다. 사회에서 업무적으로 만나는 사람도 여성이 훨씬 많았다. 나는 자연스럽게 여성의 삶에 관심이 많아져 대학원에서 여성학을 전공했으며 논문 또한 당연히 여성과 관련된 주제였다. 지금도 여전히 여성들의 삶에 지대한 관심을 갖고 그에 관한 탐구와 일을 하고 있다.

그중에서도 나의 관심을 끄는 중요한 주제가 여성 리더십에 관한 것이다. 학교에서도 직장에서도 당연하게 받아들이곤 했던 일들이 남성들이 많은 기획실에 근무하게 되면서 무언가 정당하지 않은 일들이 존재한다는 사실을 알게 되었다. 많은 여성들이 남성과 동등하게 공부를 하고 높은 성적으로 사회 진출을 하면서도 현실에서 여성 리더가 적은 이유는 무엇인가? 여성 리더가 있다 하더라도 뚜렷이 눈에 띄게 큰 성과를 내는 사람이 드문 이유는 또 무엇일까? 그러기에 우리가 알고 있는 기존의 리더십과 다른 여성형 리더십이 있어야 하는 건 아닐까? 이런 생각이 나로 하여금 이 책을 쓰게 했다.

우리나라 여성들은 남성보다 공부를 잘하고 대학 졸업 학점도 더 우수한 경우가 많다. 그런데 사회생활을 할수록 동등하게 대우 받는다고 생각하지 않는다. 무언가 이상하다. 남성이 주류인 사회이기 때문에 평가의 기준이 남성적이라는 점도 있을 것이다. 세상이 남자 위주로 돌아감으로 대부분의 결정은 남성이 내리고 규칙도 남성이 정한다. 사회경제 활동의 행동 양식은 수백 년이 넘는 동안 남자들이 만들어 왔다. 여성이 절반이라고는 하지만 유리천장에 의해서 리더의 층에 들어간 여성은 많지 않다.

이렇듯 여성은 리더에서 배제되기 십상이고, 예외가 있더라도 어쩌다 선택되거나 일종의 배려로 생각되는 수가 많다. 이러한 풍토로 인하여 사회는 여성 리더를 선뜻 받아들이기를 주저하며 여성 스스로도 리더의 주체로 나서기를 기피하게 되는 것이다. 이렇게 여성에게 리더십은 많은 어려움과 편견이 따른다. 각 분야의 전문가들은 여성이 영향력 있는 리더의 자리에 오르지 못하는 이유로 이러한 전통적인 성역할 고정관념, 성별에 대한 편견, 부적절한 사회정책, 직장과 가정생활에서의 이중고를 이야기하고 있다.

세상의 절반을 여성이 차지하고 우수한 여성이 많은 오늘날, 그 미래를 열어 주지 못하는 사회라면 발전이 더딜 수밖에 없다. 결국 남성에 비하여 여성의 지위가 사회적으로 불평등한 것은 여성 리더가 절대적으로 부족한 때문이 아닐까.

새롭게 부각되는 여성 리더십

여성 리더십 이론의 권위자인 바바라 켈러먼과 데보라 L. 로드이가 쓴《여자로 태어나 위대한 리더로 사는 법》은 다양한 시선으로 바라본 여성 리더십 연구서이다. 저자들은 책에서 과거 여성이 권력의 자리에 오를 수 없었던 이유는 인간의 능력과 활동 분야가 서로 다르다고 믿었기 때문이라고 했다. 권력행사는 남성의 것이며 여성은 남성에게 서비스를 제공하고 엄마 노릇을 한다. 즉, 돌보고 지원하는 역할을 담당하는 것이 여성의 역할이라는 관념이다. 따라서 남성과 여성의 리더십 스타일이 다르다고 생각하는 것은 성급한 판단이라고 했다.

사람들은 여성이 보살피고 배려하는 것을 당연하게 생각한다. 저자들은 많은 문화에서 여자 아이들에게 타인을 돌보거나 남성을 지원하는 임무를 해내도록 교육하는 것을 권장한다고 말한다.

이러한 과정은 당연하게 성인이 된 후의 행동방식에 큰 영향을 끼칠 것이다. 이러한 고정관념을 거부하고 자신의 의견을 주장하며 적극적으로 행동하는 여성에게는 여성답지 못한 사람이라고 비난하기 일쑤다.

현재 세계적으로 주목받고 있는 여성 리더들을 보면 독일을 안정적인 강대국으로 이끌고 있는 메르켈 독일 총리부터 칠레 최초 여성 대통령이었던 미첼 바첼레트 유엔 인권 최고 대표가 있다.

각 기업 임원과 정치인, 민간과 공공 부문에서도 여성들의 활동이 늘어나고 있지만 한국에서 여성의 위치는 아직 요원하다.

　기업과 조직에서 중요한 의사결정을 하는 리더의 자리에 있는 여성의 비율은 부끄러울 정도로 절대 약세다. 2017년 여성임원 현황 조사 분석 결과 500대 기업 여성 임원 비율은 3.0%에 불과했다. 뉴스를 보면 대학의 수석 입학과 수석 졸업을 여성이 휩쓸고 있다는데 그들 우수한 여학생들은 지금 어디서 어떤 역할을 하고 있는지 궁금하다. 더욱이 리더로서 말이다.

　과거 산업사회에서 생산성을 추구했다면 지금은 창조성이 요구되는 사회다. 남성 중심의 리더십, 즉 남성형 리더십은 권력을 핵심으로 지배와 종속관계에 대한 리더십을 말한다. 이러한 기존 개념의 리더십은 현대 사회에 적응하는 데 한계가 있다. 강압적인 수직 관계에서의 리더십은 과거에 통하던 리더십이다.

　시대적 환경의 변화로 과거와 다른 창조사회에서 리더에게 요구되는 능력은 수평적인 리더십과 관계성, 공감 능력, 배려, 조화 그리고 유연함 같은 것이다. 그런데 이런 요소는 남성보다 여성이 앞선다. 여성형의 특성이라 할 수 있다. 바로 그런 이유 때문에 여성형 리더십이 오늘날의 리더십으로 대두되는 것이다.

　이 책에서 내가 주장하는 리더십이 꼭 여성에게만 필요하다는 것은 아니다. 지금은 융복합의 시대이기에 남성에게도 여성성의 리더십이 필요하다. 그것이 이 책을 쓰는 이유요 목적이다.

　이 책은 여성 리더들이 부족한 이유와 여성들이 리더십을 발휘하는 데 있어 필요한 요소와 방안을 다양하게 제시한다. 가족을 위해서 희생하는 여성에게는 자신의 소중함을, 조직에서 좌충우돌하며 어려움을 겪는 여성에게는 회사에서 리더가 되기 위해 살아남을 수 있는 적극적인 생존 비법을 알려준다. 여성이 조직에서 생존하고 적응하며 리더십을 발휘하는 방법뿐만 아니라 여성이 리더십을 향상하는 데 필요한 방법을 알려 주는 책이기도 하다.

남성이 여성을 이해하는데도 이 책이 도움이 되길 바란다. 이 책으로 인해 암탉이 울면 집안이 망한다는 잘못된 속담이 수정되기를 기대한다. 뿐만 아니라 나와 같은 시대를 살아가는 여성들이 남성성이 지배하는 현실을 헤쳐나가는데 도움이 되기를 바란다.

조금숙

chapter 1

여성이 앓는
증후군들

여성들은 대부분 여자라는 이유로 고정관념에 따른 성차별을 받고 살아간다. 여성이 적극적으로 자기주장을 펼치면 '여자가 거세다', '나선다'라고 비난한다. 당연히 여성은 남성에 비해 친절하고 순종적이길 기대한다.

아직도 '어디 여자가 감히'라는 말을 심심찮게 들을 수 있는 세상이다. 여성이니까 희생해야 하고 배려해야 하는 것이 당연하다는 생각이다. 여성 스스로도 이러한 고정관념의 굴레에서 벗어나기 어려워한다.

그러나 착하게만 사는 것이 과연 여자가 성공하고 행복하게 사는 데 도움이 될까? 일방적인 것은 없다. 자신의 희생으로 모두가 행복해지는 것도 아니다. 함께 행복해야 한다. 여성 스스로도 벗어나야 할 각종 신드롬의 굴레를 나는 여자가 앓는 증후군이라고 말한다.

여성들은 자신의 능력을 스스로 평가 절하한다. 희생만이 가치 있는 인생이 아니다. 여성들은 자신의 한 일에 대해 정당한 대가를 요구하는 법도 알아야 한다.

나는 여성들이 포기하지 않고 편견에 굴복하지 않기를 바란다. 당당하게 좀 더 나은 삶으로 바꿔보자. 자신이 진정으로 원하는 것을 이루기 위해서는 당신의 액션이 필요하다. 행동으로 보여줘야 한다.

이제 여성에게도 직업은 선택이 아닌 필수가 되어가고 있다. 우리는 다른 사람들이 원하는 태도나 방식으로 일할 수도 있고 내 의견을 주장하면서 균형 잡힌 직장생활을 할 수도 있다.

우리는 현명한 선택을 해야 한다. 처음부터 원하는 것을 모두 얻을 수는 없겠지만 실패와 시도를 거쳐 당신에게는 자신감이라는 선물이 생길 것이다.

왕관 증후군

알아서 챙겨줄까?

기획실에 근무하는 조미진 씨는 회사에서 근무 연수와 그동안의 성과를 떠올리며 올해는 대리로 승진할 것이라고 굳게 믿었다. 그동안 힘들었던 날들을 생각하며 승진으로 보상받게 될 것이라는 마음에 설레기까지 했다. 동료들에게 축하 받을 일을 떠올리며 다른 날보다 공들인 옷차림으로 평소보다 일찍 출근했다. 축하 받았을 때 할 멘트도 중얼거려 보며 승진자 발표가 나길 기쁜 마음으로 기다렸다. 조미진 씨의 하루는 예상대로 행복한 날이 되었을까?

안타깝게도 대리 진급자 발표에 그녀의 이름은 없었다. 그녀는 도저히 이해할 수가 없었다. 승진할 연차도 되었고 업무 성과도 좋았으므로 대리로 승진하는 것을 당연한 보상으로 믿어 의심치 않았는데 도대체 무엇이 잘못되었단 말인가.

조미진 씨처럼 여성이 직무를 성실하게 잘 수행하고 업무 성과가 높으면 당연히 누군가가 머리에 왕관을 씌워줄 것이라고 기대하는 것을 '왕관 증후군'이라고 한다. 성실하게 묵묵히 열심히만 일하면 누군가 알아서 챙겨줄까? 조미진 씨처럼 누구나 열심히 일하면 그에 합당한 대우를 받고 있을까? 물론 자신이 열심히 일한 공을 회사나 상사가 알아주면 다행스러운 일이지만 그렇지 못할 때는 본인이 나서야 한다. 상사는 내 커리어만 생각하고 있는 것이 아니다.

《여자는 어떻게 원하는 것을 얻는가》의 저자 린다 뱁콕LINDA BAB-COCK과 사라 래시버SARA LASCHEVER는 여성은 남성에 비하여 원하는 것을 적극적으로 스스로 노력하여 얻지 못해서 남성보다 더욱 차별을 받고 있다고 이야기한다. 이러한 결과로 똑같이 일을 하고 성과를 내더라도 남성에 비해서 적은 월급을 받고 있다.

조미진 씨처럼 열심히 일하고 좋은 결과를 냈으니 대가를 바라는 것은 당연하다는 생각으로 기다리는 소극적인 태도에서 용기 내어 좀 더 강해져야 한다. 객관적인 이유와 성과가 있다면 승진이나 보상을 요구하는 것을 두려워하지 말라. 조미진 씨는 상사를 찾아가서 본인이 이번 대리 진급에서 승진할 수 있는지 여부를 알아보고 승진이 어렵다면 본인이 승진할 수 있는 객관적인 이유와 성과를 조목조목 설명할 수 있어야 했다. 이때는 원하는 것을 얻을 수 있는 협상력도 길러야 한다.

여왕벌 증후군

미묘한 여성들 간의 문제

내가 직장생활을 할 때의 이야기다. 관리자 급 간부회의에서 CEO 가 공개적으로 나의 성과를 칭찬했다. 그러자 내 앞에 앉아 있던 여성 관리자가 "이쁘니까 그렇지"라며 혼잣말을 했다(이쁘다고 생각한다니 고 맙긴 하지만). 나는 평소의 그녀가 내게 하는 호의적인 행동과는 다른 태도여서 내심 놀랐으나 못 들은 척했다. 남자 직원들은 나의 성과에 대해서 진심으로 축하해 주었으나, 이 여성 관리자가 내게 마지못해 한 말은 "운이 좋았군요"였다. 처음 입사했을 때 같은 여성끼리 잘해 보자고 한 게 엊그제 같은데 참으로 씁쓸했다. 이 여성은 나의 직장 내 입지가 탄탄해지니까 나중에는 노골적으로 또는 은근 슬쩍 내가 내는 아이디어나 의견에는 사사건건 반대를 위한 반대를 해 나를 곤 혹스럽게 했다. 나는 이 여성을 원망하는 마음을 접고 그녀에게 내가 만드는 팀에 들어와서 도와달라고 진심으로 부탁했다. 그녀도 나의 제의가 싫지 않았는지 마지못한 척 팀에 합류했으나 다행히도 나중 에는 함께 팀워크를 다지며 좋은 관계가 되었다.

직장이나 조직에서 남자들 간의 경쟁은 당연하게 여기면서 여성들 간의 갈등은 "여자의 적은 여자다"라는 논리로 일축해 버린다. 정말 여자의 적은 여자일까? 현장에서 여성 리더가 조직에서 다른 여성을 견제하고 도와주지 않으려는 현상을 여왕벌 증후군이라 한다.

여왕벌 증후군은 성공한 여성 리더가 조직에서 쌓아 올린 자신의 권위를 유지하기 위해 다른 여성을 견제하고 도와주지 않으려는 현상이다. 이 여왕벌 증후군은 여성들의 사회적 지위 향상에 걸림돌로 작용하고 있다.

직장에서 편가르기를 하거나 다른 여성을 차별하거나 무시하고 심지어 왕따시켜서 퇴사하게 만드는 경우도 종종 있다. 나도 능력이 아까운 직원이 개인적인 이유로 그만둔다고 퇴사 이유를 말했으나 미심쩍어 상담한 결과는 놀라웠다. 진실은 선배 여직원의 따돌림으로 견디기 힘들어 스스로 나가는 안타까운 경우였다. 회사 차원에서는 능력 있는 인재를 잃게 되었지만 미묘한 여성들 간의 문제로 어쩔 수 없는 상황도 있다.

나는 여성이 많은 조직에서 개인적으로 여성 동료나 상사를 뒷담화하거나 근거 없이 음해하는 경우를 여러 번 목격했다. 같은 여성으로서 발전을 도와주기는커녕 도리어 가로막으려는 이들도 일종의 여왕벌이라 할 수 있다. 또는 자신의 자리를 위협할 것 같은 능력 있는 부하 여직원을 다양한 방법을 이용해 교묘하게 아예 싹을 잘라 버리는 경우도 해당된다. 같은 여성 간의 연대의식보다는 '내가 이 자리에 어떻게 올라 왔는데'라는 생각으로 부하 여직원을 자신에게 위협적인 존재로 간주하는 것이다.

만약 당신의 상사가 여왕벌 증후군을 앓는 사람이라면 자신의 능력을 과시하기보다는 나의 부족한 역량에 대한 조언을 구하는 방식으로 현명하게 대처할 필요가 있다. 어쨌거나 상사가 여성으로서 그 지위에 오른 데는 그만한 이유가 있을 것이다. 이 점을 간과하지 말고 여성 리더를 존중하는 태도를 가지자. 남성의 세계는 더욱 무서운 정글이다.

누가 여자의 적인가?

직장 생활은 경쟁의 연속이다. 적과 아군이 존재한다. 적과 아군이 혼재되어 있는 곳이 직장이라는 이름의 전장이다. 과연 여자의 적은 누구일까? 남자일까, 여자일까? 또는 양쪽 모두일까? 이 원초적 질문에 대하여 많은 이들이 여자의 적은 여자라고 한다. 나의 경험으로 볼 때 여자의 적은 여자라는 속칭 '여왕벌 신드롬queen bee syndrome'은 사실일 수도 있고 아닐 수도 있다. 여성으로부터 결정적인 도움을 받았는가 하면 때로는 여성에게 뒤통수를 맞은 경우도 있었다.

그동안 여왕벌 신드롬은 낭설이라는 주장은 여러 논자의 주장이 있는데 그중 가장 유력한 것으로 미국 뉴욕 컬럼비아 비즈니스 스쿨의 연구결과가 있다. 영국의 진보적 일간지로 유명한 가디언의 보도에 의하면 여성 리더는 자신의 권력을 강화하기 위하여 다른 여성을 견제하고 결코 그 성과를 나누지 않는다는 여왕벌 신드롬이 실제에 있어서 근거가 없다고 보도했다.

잘 아는 바와 같이 '여왕벌 신드롬'은 미국 미시간대 연구팀이 발표한 1973년의 한 논문에서 여성 리더가 조직을 완전 장악하는 것을 여왕벌이 벌집을 장악하는 것을 비유하여 만들어낸 용어다.

컬럼비아 비즈니스 스쿨이 1,500개 회사의 최고 경영진을 대상으로 20년 이상 조사 연구한 바에 의하면 여성이 대표인 회사에게는 오히려 여성이 임원 등의 고위직에 진입할 가능성이 높은 것으로 나타났다. 다만 여성이 대표가 아닌 임원 등 고위직에 그칠 경우 그 밑에 있는 여성 관리자의 비율은 절반으로 줄어들 가능성이 높았다.

이는 우리나라에서도 비슷한 현상이라고 생각한다. 다시 말해서 최고위직까지 오르는 여성의 숫자가 남성에 비해 현저히 떨어지는 현상은 여성 리더가 여성을 견제하는 여왕벌 신드롬 때문이 아니라 기득권을 유지하려는 남성 중심의 사회구조가 공고하기 때문이라고 이 논문은 분석했다. 결론적으로 여성들이 조직 내에서 동성인 다른 여성을 돕지 않는다는 일반적인 속설은 사실이 아니라는 이야기다 (한국일보: 2015. 06. 08).

"여성들은 승진 등 회사 생활에서 다른 여성을 돕지 않는다는 생각이 일반적이다. 그러나 여성 고위 관리자들이 '여왕벌'이라는 속설이 사실이 아니다."

– 헬렌 프레이저 영국 여자사립학교연합(GDST)대표, 펭귄북스 전 상무이사

결론적으로 여자의 적은 여자라는 말이 맞을 수도 있고 아닐 수도 있다. 만약 어떤 여성이 다른 여자에게 적대적으로 대한다면 그 여성은 자존감이 부족한 경우이다. 자신을 사랑하지 않기 때문에 다른 여성에게 호의적이기 어렵다. 자신을 좀 더 사랑한다면 좀 더 포용성이 높아진다. 한 여성이 잘나가면 좀 더 많은 여성에게 기회를 줄 수 있다. 남자의 적은 남자 아닌가? 남자는 더 치열하게 싸우고 있다. 하기 나름이다. 여성학적 관점을 떠나서 여성의 적이 남자일 수도 있고 여자일 수도 있다. "여자의 적은 여자다"라는 말이 부디 근거 없는 이야기이길 바란다.

해리의 법칙Harry's Rule이라고 들어 보았는가. 이는 사람들은 대부분 자기보다 못한 사람을 채용하는 경향이 있다는 것이다. 특히 치열한 생존 경쟁에서 겨우 리더의 자리에 오르는데 성공한 여성 관리자에게 똑똑한 후임의 등장은 매우 불안한 존재로 인식되기에 충분하다. 실제로 이런 경우를 종종 보았다. 모 회사의 팀장이 팀원을 채용하는데 경력이나 능력 면에서 자신보다 출중한 지원자를 탈락시킨 것이다. 진정한 리더는 자신이 부하보다 모든 일을 다 잘하는 사람이 아니다. 부하가 자신의 자리를 위협하는 것이 불안해서 고용하지 않는 것이 아니라 그러한 인재를 발탁함으로써 오히려 더 큰 성과를 낼 수 있다. 관리하기 편하고 말 잘 듣는 직원만 선호하다가는 성과는 고사하고 늘 고만고만한 팀에 머무르고 만다. 좋은 인재를 채용하여 시너지 넘치는 조직을 만들자.

타인 의식 증후군

독립적이 되라

세계 문화를 개인주의 문화와 집단주의 문화로 나누어 볼 수 있다. 주로 서구 국가들은 개인주의 문화를, 아시아 지역에서는 집단주의 문화형태를 보인다. 한국 사회 집단문화 중에서 부정적인 측면이 강한 것이 첫 번째가 집단문화, 두 번째가 타인의 시선을 지나치게 의식하는 점이다. 《한국인에게 문화가 있는가?》의 저자인 최준식 교수는 한국인의 집단주의 성향을 한국인은 개인의 이익보다 가족이나 친척, 직장 공동체 같은 집단의 이익을 먼저 생각하는 집단주의 사회이므로 개인을 '우리'라는 집단의 일부로 여기고 있다고 했다.

회식에서 흔히 얘기하는 말이 "우리가 남이가"라는 말이다. 이렇게 한국인이 유난히 많이 사용하는 말이 '우리'라는 표현이다. 집단 내에서 원만한 인간관계를 중요시했고 개인주의는 격이 낮게 보는 성향이 있었다. "모난 돌이 정 맞는다" 같은 격언에서도 알 수 있듯이 한국은 집단주의 문화가 강하다.

먼저 집단문화를 살펴보자. 나는 직장 생활을 하며 끊임없이 이어지는 회식문화에 넌더리가 난 적이 많다. 1차는 식당에서 식사하고 2

차는 노래방, 체력이 되든 안 되든 상사의 마음에 따라 3차까지 갈 수도 있다. 개인적으로 술을 못 마시는 나를 이해해 주는 사람도 있었지만 꼭 술을 마시게 해야 직성이 풀리는 상사나 직원은 나를 참 괴롭게 했다. 식사 후 가는 2차 노래방은 꼭 돌아가며 노래를 강요한다. 그 사람의 노래를 듣고 싶은 것도 아니다. 그냥 차례대로 의무처럼 시킨다. 술 마시는 것이 즐거운 사람도 있고 괴로운 사람도 있다. 노래 부르는 것을 좋아하는 사람도 있고 듣는 걸 좋아 하는 사람도 있다. 개인의 취향이나 마음은 상관이 없다. 무조건 돌아가며 다해야 한다. 나는 술도 못 마시는 데다 노래 부를 때 음정이 잘 맞지 않는다. 노래방에 가서 술김에 부르지도 못하고 맨 정신에 만족스럽지 못한 노래를 불러야 한다는 것이 참 고역이었다. 술을 못 마시는 나를 배려해서 술을 강요하지 않는 사람을 만나면 고맙기까지 했다. 지금은 전 국민이 가수인 시대이니 조금 못 부르는 내 노래에 사람들은 더 즐거워한다. 예전보다 타인의 시선을 덜 의식하고부터 노래 부르기가 조금 편해졌다. 나는 장점이 많은데 노래 하나가 뭐가 그리 중요한가라고 마음을 바꿔 먹은 것이다.

한국 사회 집단문화에서 개인이 가진 개성은 목소리가 작을 수밖에 없다. 물론 집단주의 문화와 개인주의 문화에서 어떤 문화가 더 좋다 나쁘다라고 단정지을 수는 없다. 완벽한 문화가 있겠는가. 장점과 단점이 있다. 보편적인 집단문화와 다르게 일반화된 오류도 있다. 경상도 남자는 집에 가면 세 마디 말밖에 안 한다는 말(밥은? 아이는? 자. 물론 내 남편도 오리지널 경상도 남자지만 나보다 더 말을 많이 하고 말을 잘

한다)처럼 우리는 개인이나 집단을 이야기할 때 전체를 하나의 특징으로 묶어서 단정적으로 이야기하는 경우가 있다. 공감되는 부분도 있으나 그 집단의 구성원이 모두 그렇지는 않으니 개인의 의견도 존중해 주는 사회가 되었으면 하는 바람이다.

두 번째는 타인의 시선을 지나치게 의식하는 점이다. 동양에서는 사람과의 인간관계를 중요시하는 편이고 서양에서는 자율적이고 개인적이며 개인의 독립성을 존중하는 경향이 있다. 서양인은 자율적이며 자기만족, 독립적 행위 같은 것이 행복의 기준이 될 수 있지만 동양인은 이외에도 타인의 시선과 다른 사람과의 관계를 생각한다. 한국인은 남과 비교하면서 타인의 시선을 의식하는 경향이 강하다. 일부 여성들이 명품에 집착하는 이유가 명품을 들고 다니면 타인에게 능력 있는 사람으로 보여질 것으로 기대하는 마음이 있기 때문이다. 나에게 맞는 인생이 아닌 타인에게 행복하고 멋있게 보이는 삶을 쫓아가기 때문에 행복하지 않은 것이다. 오늘도 SNS에는 매일 잡다한 온갖 일상들이 올라오고 있다. 그 중에 어떤 이는 자신이 하루 3끼 무엇을 먹었는지 매 끼니 때마다 식단을 사진과 함께 올린다. 도대체 이 사람이 무얼 얘기하고 싶은지 궁금하기도 하고 질리기도 한다. 나 또한 자유롭지 않다. 오랜만에 방문한 사찰 대웅전에서 108배를 하며 나도 모르게 옆 사람과 절의 속도를 비교하며 경쟁하려는 나의 행동에 당황스럽기도 하고 우습기도 했다.

반대로 타인을 의식해야만 하는 상황도 있다. 공공성에 대한 부분이다. 지하철이나 거리에서 과한 애정행위를 하거나 쓰레기를 아무 곳에나 버린다든지, 도로를 무단 횡단하는 행위 같은 것에는 오히려 타인의식 부족 증후군 양상이 보이고 있다. 시민의식이 필요한 곳에서는 자기중심적이 아닌 타인을 의식하고 함께 사는 사회를 위해서 상대방을 배려하는 시민정신이 필요하다. 성공한 사람이 되기 위해서는 적절하게 타인을 의식하는 점이 필요할 수도 있지만 지나치게 타인을 의식하는 삶을 살다보면 어느 순간 내적 갈등이 폭발하여 극단적인 선택을 하는 경우도 볼 수 있다.

황상민 교수는《한국인의 심리코드》에서 성공한 사람들은 타인의 시선보다는 자신의 신념을 우선으로 생각했다는 공통점이 있다고 한다. 물론 적당히 타인을 의식하는 것의 좋은 점도 있지만 지나친 타인의식은 내 마음에 생채기를 낼 수 있다. 연세대 심리학과 서은국 교수는 타인을 의식하는 문화와 물질적인 사고가 사람들의 행복지수를 떨어뜨린다고 했다. 프랑스 철학자인 장 폴 사르트르는 "인간은 타인의 눈길에서 지옥을 경험한다. 남의 눈을 의식하는 데서 벗어나는 것이 얼마나 중요한지 모른다"고 했다. 요즘 신세대 여성들은 타인의 시선을 의식하는 경향이 낮아졌지만 아직도 타인의 눈치를 보는 것에 사로잡힌 여성이 있다면 이제부터라도 독립적인 사고와 독립적인 행동을 할 필요가 있다.

우리는 자신의 내면을 돌아보며 자신을 돌보는 마음을 방치하고 끊임없이 타인과 비교하여 포장하려는 마음 때문에 더욱 바빠지고 불안해진다. 가만히 있으면 뒤처지는 느낌이 들어 늘 타인을 의식하고 타인에게 보여주기 위해서 많은 것을 해야 한다는 강박관념에 젖어 있는 것이다. 개인이 가진 행복의 요소를 여러 곳에서 찾을 수 있는데 겉으로 보여지는 것, 물질 만능 주의, 외모 등의 외적인 부분만 보고 상대적 박탈감 따위를 느끼지 말자. 자존감이 떨어질 이유도 없다. SNS에 올라온 온갖 허세와 자랑질에 자신을 비교하지 말자. 남의 보여주기 인생에 집중하지 말고 내 인생의 주인공인 나를 먼저 생각하고 재충전하는 시간을 갖자. 귀하게 태어나 타인의 시선에 내 인생이 좌우되어서 되겠는가?

물론 내 마음대로 다하라는 것이 아니다. 더불어 살아가는 사회니만큼 타인에 대한 배려도 중요하다. 그렇지만 남의 눈에 어떻게 보여지고 타인에게 행복하게 보이는 것이 최종목적이 되는 것보다 소소한 일상에서 많은 행복들을 느끼며 나 자신을 채울 수 있을 때 우리의 인생은 더욱 빛나는 것이 아닐까. 당신은 타인에게 행복해 보이기 위해서 사는가 아니면 진정으로 행복하기 위해 사는가? 답은 이미 나와 있다. 그만 비교하자.

신데렐라 콤플렉스

백마 탄 왕자는 없다

아직도 언젠가 백마 탄 왕자님이 나타나서 나를 구원해 줄 것이라는 상상 속의 기대를 하는 여성이 있을까. 다문화 가정을 이룬 여성 중에도 드라마 속에 나오는 남자 주인공처럼 좋은 집에서 풍족한 생활을 누리며 공주처럼 대접해줄 것이라는 환상을 가지고 한국 남성과 결혼했으나 현실은 그렇지 않았다고 하는 여성이 있다. 이는 한류 드라마의 영향 탓이다. 동화 같은 스토리는 현실적으로 이루어지기 어렵지만 막연한 기대를 가지고 있는 여성이 가끔 있다. 동화는 언제나 신데렐라나 백설공주처럼 멋진 왕자님의 구원을 받아 성대한 결혼식을 하고 행복하게 오래오래 잘 살았다는 스토리로 끝난다.

신데렐라 콤플렉스는 자신의 힘이나 능력으로는 사회적으로 성공하기 어렵다고 느낄 때 자신의 인생을 바꿔줄 왕자님을 기다리는 여성의 의존 심리를 나타내는 용어로 심리학자 콜레트 다울링의《신데렐라 콤플렉스》란 책에서 처음 등장하면서 유명해졌다. 신데렐라 이야기는 오랫동안 동서양을 가리지 않고 많은 이에게 선망의 대상이다.

콜레트 다울링은 그녀의 저서 《신데렐라 콤플렉스》에서 오늘날도 여성들이 신데렐라처럼 그녀들의 인생을 확 바꿔줄 외부 왕자님의 손길을 여전히 기다리고 있다고 한다. 한번씩 현대판 신데렐라들의 이야기도 등장한다.

설령 현대판 왕자님이 내 삶에 나타난다 한들 그녀의 의존적인 성향으로 인해 계속적으로 달콤한 행복을 누릴 수 있을까. 자신이 변하지 않으면 나만의 가치 있고 의미 있는 인생을 살 수 없다. 언제까지 왕자님 품에 안겨서 예속적이고 의존적인 삶을 살 것인가? 행여 그런 마음이 조금이라도 있다면 허공에 날려 버리자. 당신의 잠재력을 끄집어내어 자신의 능력을 마음껏 발휘할 수 있는 삶을 만들어 보자. 팍팍하고 고달픈 우리의 현실에서 누구나 한번쯤 신데렐라를 꿈꿀 수 있다. 사랑이라는 명분 아래 남성에게 의존하기 위한 결혼을 선택한다면 결국 서로가 힘들어질 것이다. 신데렐라 같은 심리적인 의존 상태는 여성 삶의 질을 낮출 뿐이다. 꿈은 꿈일 뿐이다. 누구에게 의존하는 삶이 아닌 스스로 빛나는 내 인생의 주인공이 되자.

외모 콤플렉스

내면의 아름다움이 중요하다

지인의 친구가 아이의 '수능성형'을 생각하고 있다고 말한다. 고3 수험생인 딸이 수능에서 1등급을 하나 받으면 성형 수술 한 군데, 네 과목 모두 1등급이면 네 군데의 성형을 해 주기로 약속했다는 것이다. 또 다른 친구는 대학에 입학한 딸이 '못 생긴 것은 엄마 닮아서' 그렇다고 책임지라고 하는 바람에 어쩔 수 없이 쌍꺼풀 수술을 해 주었다.

성형은 선천적·후천적으로 나타난 변형과 기형을 정상에 가깝게 되도록 수술로 교정하는 재건성형에서 시작되었으나 현대에 들어서 외모 콤플렉스를 극복하고 자신감을 회복하는 방법으로 그 영역을 넓혀 가고 있다. 우리나라의 성형 열풍은 사회 여러 계층으로 확대되어 성형 열기가 식을 줄 모른다. 외모 때문에 열등감이 심하고 사회생활이 어렵다면 성형을 고려해 볼 수도 있으나 정도가 지나치다. 드라마에 나오는 일부 연예인의 표정은 과도한 성형 수술로 보는 사람이 어색하고 불편하다.

성형 수술 경험자인 26세 이미진 씨는 성형외과 근무 당시 원장의 권유로 쌍꺼풀 수술을 하게 되었다. 성형외과 원장은 성형 전·후 사레 모델 홍보 사진을 촬영하기 위한 조건으로 이 여성에게 무료 수술을 권유한 것이다. 이미진 씨는 수술 후 수술 전의 얼굴이 훨씬 더 예뻤다는 사람들의 말에 스트레스를 심하게 받았으며, 몇 달 동안 눈에서 끊임없이 눈물이 흘려내려 일상생활을 하기에 심각한 곤란을 겪었다. 실제 나에게 2개월 과정의 교육을 수강하고 있는 동안 눈의 충혈과 연신 줄줄 흘러나오는 눈물을 수시로 닦고 안약을 넣으며 교육에 참여했다. 나는 이미진 씨를 보는 내내 안타까운 마음이 들었다. 상태가 심각해 보였는데 수술한 성형외과 원장은 별다른 조치를 취하지 않고 괜찮아질 것이라는 책임 없는 말만 하고 있었다. 결국 그녀는 쌍꺼풀 수술의 부작용으로 다니던 병원을 퇴사하고 안과를 다니며 치료를 받고 있는데 상태는 호전되지 않고 있다.

사람들은 무엇 때문에 자신의 외모에 불만을 가질까? 그 자체로 충분히 매력적인데도 형편없는 몸매라 여기고, 신체적인 고유한 특성을 결점으로 느끼게 하는 현실은 여성들이 겪고 있는 삶의 어려움을 더욱 크게 만들고 있다.

온라인에서는 뷰티, 성형을 다루는 카페가 넘쳐나고 있다. 미디어는 잘 가꾸어진 여성의 외모를 보여줌으로써 사회에서 요구하는 여성의 이미지를 제시한다. '외모가 경쟁력'이 되면서 여성들은 사회문제에 관심이 적어지고, 겉으로 보이는 모습에 더욱 집중하게 된다. 성형 수술로 사람들이 모두 비슷한 모습을 가진다면 획일화된 모습에서 무슨 매력이 있을까. 이대로는 안 된다. 사람은 나름대로 고유한 개성이 있다. 본질적인 것을 중요시 하지 않고 단순히 외모를 중시하는 외모 지상주의는 고쳐져야 한다. 사회적으로 문제의식을 가지고 함께 개선해 나가야 한다.

외모 지상주의를 반성하자

몸에 대한 사람들의 관심은 역사적으로 오랫동안 꾸준히 지속되어 왔다. 수전 보르드는 여성들도 여성에 대한 문화적 신화를 너무 쉽게 믿어 버린다고 한다. 사람들은 더 아름다워지기 위해서는 어떠한 형태의 극단적인 기술이나 고통도 참아낸다.

매스컴에서는 여성의 섹시함을 무기로 상품을 광고한다. 이러한 현상은 여성이 사회적으로나 개인적으로 힘을 가질 수 있는 다른 기회를 거의 제공하지 않는 문화에는 사회적인 책임이 없는 것처럼 보인다. 우리는 수잔 보르도의 주장처럼 문화가 우리에게 제공하는 즐거움(힘과 쾌락)에 대해서 건강한 회의주의를 길러야 한다.

미디어는 잘 다듬어진 여성의 외모 즉 '결과물'을 보여줌으로써 사회에서 요구하는 여성의 이미지를 제시한다. 결과만을 가지고 성형을 예찬하지 결코 고통스런 과정 등에 대해서는 자세히 언급하지 않기 때문에 더욱 문제가 된다.

대중 미디어에서 비춰지는 연예인들의 가꿔진 멋진 모습처럼 예쁘거나 잘생기지 않아도 자기가 속한 영역에서 나만이 가질 수 있는 아름다움을 인정하고 긍정적으로 살아간다면 그것이 진정 아름다운 사람이다. 몸에 칼을 대는 수술법인 성형 수술은 결과에 따라 개인의 만족도가 크게 달라질 수 있고 경우에 따라서는 치명적인 결과를 낳는다. 미국에서는 입사서류에 사진 부착을 금지하고 있는데 이는 외모나 인종 같은 이력이 면접관에게 드러나지 않도록 하기 위해서다.

그럼 성형 수술을 하지 않고도 자신감과 자존감을 향상시킬 수 있는 방법에는 어떤 것이 있을까? '텔레비전 드라마 시청이 시청자의 성형 수술 행위의지에 미치는 영향에 관한 연구'(우형진, 2008)에 의하면 텔레비전을 통해 시청자들에게 노출되고 있지만, 근본적으로 성형 수술을 결정하는데 막대한 영향을 미치는 요소는 개인의 인지된 행위 통제력 즉, 자기효능감이라는 것이다.

반두라(Bandura, 1997)에 의하면, 자기효능감이란 특정한 범위 안에서 자신이 수행할 수 있는 능력에 대한 개인의 신념이라고 정의했다. 자신이 잘 할 수 있는 능력에 집중함으로써 어려움과 장애를 대처하는 효능감은 삶의 질을 향상시키는데 큰 역할을 수행한다.

TV프로에서도 출연자들이 외모를 화제 삼아 상대를 놀리는 모습은 유쾌하지 않다. 다른 원인은 없애 버리고 불행의 원인을 오로지 외모 탓으로만 돌리는 외모지상주의, 심지어 이런 성형 만능주의를 부추기는 TV 프로그램조차 있었다. 출연자의 다양한 가족사와 사연은 뒤로 한 채 외모에 대한 콤플렉스를 부각시킨다. 결국 성형 후 달라진 모습을 클로즈업시키며 인생 반전한 것 같은 모습을 보여주고 있는 것이다. 이 프로그램은 내면적인 치유까지 포함하고 있다고 하나 결국 성형 만능주의를 부추긴다고 볼 수밖에 없다. 성형 수술은 개인의 개성을 없애고 단순화시킨다.

성형 수술로 사람들이 비슷비슷해진다면 획일화된 모습에서 무슨 매력이 있겠는가. 사람은 나름대로 고유한 개성이 있다. 본질적인 것을 중요시하지 않고 단순히 외모를 중시하는 외모 지상주의는 고쳐져야 한다. 이런 여러 사회적 폐해를 성형으로 해결해야 할 것이 아니라 자신의 능력을 계발하고 개성을 다듬는 생산적인 방법으로 해결해야 할 것이다. 사람들은 대중매체의 영향을 많이 받아서 예쁘고 날씬하면 대접을 받는 것처럼 되어 있으나 그것만이 사실은 아니다. 사람들은 잠재된 재능을 가지고 태어난다. 능력은 발휘하면 할수록 더욱 발전하게 되고 더 많은 것들을 발견할 수 있다. 자신의 개성을 살려 자아 존중감을 향상시킨다면 사회와 타인의 시선에서 좀 더 자유롭지 않을까.

긍정적인 몸 이미지 갖기

여성들의 몸과의 전쟁은 이미 일상이 된 지 오래다. 거대한 산업 자본은 이익을 위해서는 어떠한 행위도 서슴지 않는다. 많은 사람이 그 현실에 희생양이 되어 사회적 편견에 스스로를 괴롭히고 있는지도 모른다. 자존감 결여가 여성의 몸 이미지 문제의 원인이 되었다는 말에 공감한다.

미국에서 자존감 문제 전문가로 유명한 로지 몰리너리ROSIE MO-LINARY는《당신, 충분히 예쁜 사람》에서 자신에 대한 부정적인 인식이나 부정적 바디 이미지를 가지는 것은 초대받지 않는 비평가가 자신의 삶을 들여다보고 있는 것과 같다고 표현했다. 저자는 이러한 생각을 고칠 수 있는 방법으로 당신이 지금 있는 장소에서 최선을 다하고 현재의 나를 평가하고 과거를 되돌아보며 어디로 가야 할지를 계획하는 것이라고 한다.

현재 사회는 성역할의 구분이 모호해지며 점차 다양성의 사회가 되고 있다. 이로 인해 외모에 관심을 가지는 남성 또한 늘어나고 있다. 게스트로 섹슈얼gastrosexua은 미식가를 의미하는 '게스트로놈gas-tronome'과 성적인 매력을 뜻하는 '섹슈얼sexual'의 합성어다. 즉 요리하기를 좋아하는 남성을 말한다. 외모와 패션에 관심이 많은 남성을 이르는 말인 메트로 섹슈얼metrosexual 또한 인기다. 이들은 외모 가꾸는 것을 자연스럽게 생각해서 헤어스타일과 자신의 피부에 돈과 시간을 투자한다.

외모가 경쟁력으로 믿어지는 시대다. 성형 수술을 해서 외모에 자신감을 가지려고 하는 것을 일방적으로 매도할 수는 없다. 외모가 바뀌면 자신의 인생도 좋아질 수 있다는 생각에 성형 수술이 늘어나고 있다. 외모가 좋아지면 자신감이 생긴다. 어느 정도 긍정적인 면으로 작용한다. 문제는 외모를 중시하는 풍토가 점점 확산된다는 점이다. 외모지상주의는 사람들에게 심각한 영향을 끼친다. 성형 수술의 이면에는 경쟁사회에서 비롯된 강박관념, 불안감의 부정적인 심리가 담겨 있다. 현대인의 슬픈 자화상이다. 한국 사회가 겪고 있는 자존감의 하락이다.

멋진 몸매가 되면 해보길 원했던 일을 지금 당장 시작해 보라. 타인이 내 몸에 대해서 어떻게 볼지에 대한 걱정은 그만 붙들어두자. 그것이 무슨 소용인가. 당신은 당신 자체로 소중하다. 우리 사회도 과도한 외모지상주의에서 벗어나야 한다. 여성을 평가하는 기준이 외모가 우선적이어서는 안 된다. 실력, 열정이 우선 되어야 한다.

슈퍼우먼 콤플렉스

강박관념을 떨쳐내라

나도 맞벌이 부부다. 지금이야 아이들이 컸지만 애들이 어릴 때 생각을 하면 그 시기를 어떻게 견뎠나 하는 마음이 든다. 큰 아이가 5살 작은 아이가 1살이었을 때 아침마다 그야말로 전쟁터를 방불케 하는 풍경을 연출했다. 아이가 어릴 때는 돌보미 여성에게 주는 비용과 내가 직장을 다니며 추가적으로 들어가는 비용을 합하면 일을 하는 것이 경제적으로 큰 도움이 되지는 않았다. 그러나 나는 커리어 관리를 해야 된다는 생각에 일과 가정을 병행하며 열심히 사회생활을 했다. 1살 되는 아이를 업고 5살 큰 아이 손을 잡고 아이 돌보는 집에 가서 작은 아이 맡기고 5살짜리 큰 아이를 독려하며 어린이집에 맡겼다. 그리고 나는 택시를 타고 바삐 직장으로 향하며 하루를 시작했다. 남편은 이른 시간에 출근하여 아침에 육아 도움을 받기는 어려웠다. 아침마다 잠을 좀 더 자고 싶어 하는 아이를 깨우는 것도 안쓰러웠고 다른 엄마처럼 충분히 돌보지 못한다는 미안함도 있었다.

한 번은 직장에서 갑자기 잡힌 회식 때문에 어린이집에 늦겠다는 전화를 어렵게 했다. 어린이집 원장의 짜증 섞인 목소리에 서러움이 밀려와 나도 모르게 울음을 터뜨린 적도 있다. 다행이 모든 것을 잘 해야 한다는 생각을 바꾸고 나서 좀 더 마음이 편안해졌고 남편의 도움도 커서 그 시기를 잘 넘길 수 있었다.

일과 가정생활을 병행하는 여성을 딜레마에 빠지게 하는 것이 슈퍼우먼 콤플렉스다. 사회는 일과 가정 모두 잘 꾸려가며 사회활동도 멋지게 하는 슈퍼우먼이기를 기대함과 동시에 여성 스스로도 그런 여자가 돼야 한다는 강박관념 말이다.

미디어 매체는 성공한 여성들이 일과 가정생활을 완벽하게 해내며 외모 또한 잘 가꾸고 행복하게 사는 모습이 전부인 것처럼 조명한다. 평범한 여성도 일과 가정에서 모두 완벽해야 하는 건 아닌가 하는 압박감을 가지며 제대로 해내지 못한다고 느낄 때 죄의식을 느낀다. 이렇게 자신의 능력과 관계없이 가정과 직장에서 일을 완벽하게 하려는 사람에게 나타나는 갈등과 증상들이 바로 슈퍼우먼 콤플렉스다.

당신은 슈퍼우먼 콤플렉스로부터 자유로운가? 모든 것에서 완벽해야 한다는 강박관념에서 벗어나라. 다 잘할 수는 없다. 내가 모든 것을 다해야 된다는 법도 없다. 모두에게 좋은 소리를 들을 수는 없다. 어차피 내 몸은 하나뿐이지 않나. 분신술로 여러 개로 나누어 각자 필요한 곳에 가져다 놓을 수는 없다. 집안 일에만 전념한다고 해서 모든 것이 완벽해지지도 않는다. 자녀에게도 함께하는 시간의 양을 가질 수 없다면 함께하는 시간의 질로 승부하자. 당신만의 쉬는 시간도 가져라. 그래야 더 힘을 낼 수 있다. 지금도 당신은 충분히 괜찮다,

죄책감 증후군

커리어 우먼인 이민정 씨는 평소 오후 6시에 근무를 마치고 어린이집에 있는 큰아이를 데리고 작은아이를 맡긴 집으로 향한다. 남편이 도와주면 좋겠지만 이민정 씨의 남편 퇴근 시간은 그보다 늦기 때문에 그녀는 남편의 도움을 기대하기 힘들다. 여느 날과 다름없이 그녀가 퇴근을 하려고 준비하는 동안 부장님이 오늘 회식이 있으니 다함께 참석하라고 지시한다. 그녀의 직장 문화는 예외를 인정하지 않는 분위기이기에 그녀의 마음은 더욱 답답해진다. 혹시나 하는 마음에 남편에게 전화를 했으나 돌아오는 답은 뻔하다. 그녀는 종종 이런 상황을 경험한다.

지난번에는 시댁 제사에 가야 했는데 중요한 서류 작업이 밀려 예정시간보다 두 시간 늦게 도착했다. 시댁으로 가는 내내 그녀는 조바심에 가슴이 콩닥거렸고 못마땅해 할 시어머니의 표정이 떠올라 괴롭다. 생각해 보니 아이와 여유 있게 산책한 지가 언제인지 기억이 나지 않을 정도로 가물가물하다. 한창 호기심이 왕성할 나이의 아이가 무언가 발견하고 관심을 가지면 급한 마음에 빨리 가지고 재촉한 것도 아이에게 나쁜 엄마인 것 같아 죄책감이 든다. 이렇게까지 해야하나 하는 생각에 서글픈 마음이 샘솟는다.

모회사의 중간관리자인 진은주 씨는 출장 때문에 아이의 소풍 도시락을 쌀 시간이 없어 분식점에 가서 김밥을 샀다. 가게에서 도시락에 김밥을 담고 있는데 하필이면 그곳에서 아이의 담임선생을 만나 얼굴이 화끈거릴 정도로 몹시 창피했다고 한다. 그날 겸연쩍은 표정을 짓는 아이의 표정에 그녀는 며칠 동안 나쁜 엄마라는 죄책감에 시달렸다. 아이의 뒷바라지에 완벽을 기하는 주부의 입장에서 보면 진은주 씨의 경우는 무척 한심해 보일 것이다. 그렇지만 진은주 씨에게는 나름대로 말 못할 사정이 있다. 그녀는 지금 최선을 다하고 있는 것이다. 이렇듯 대부분의 직장 여성들은 남성에 비해 훨씬 많은 죄책감에 시달린다. 그러나 그런 죄책감은 누구에게도 도움이 되지 않는다. 당신 자신에게도, 가족에게도 무슨 도움이 되겠는가. 소모적인 죄책감 증후군에서 벗어나자.

여성들이 경계해야 할 것이 지나친 죄책감이다. 나쁜 아내, 나쁜 엄마가 되는 것은 아닌가 하는 마음 때문에 종종 고통스러워한다. 주위에서도 자신의 욕심 때문에 가정과 육아에 등한시 한다고 보는 차가운 시선으로 인해 불편한 마음은 커져만 간다. 자녀를 양육하는 문제에 사람들은 이중적인 마음을 가지고 있다. 아이들과 충분히 놀아주고 많은 시간을 함께하지 않으면 좋은 엄마가 아니라는 것이다. 자녀가 성장할수록 엄마의 역할은 줄어든다. 언제까지 아이 탓을 할 수는 없다. 아이와 함께하는 삶은 고작 20~30년이다. 그 이후에 무엇을 할 것인지 대비책을 마련해야 한다.

일과 가정에서 모든 것을 거뜬하게 해내는 슈퍼우먼은 존재하지 않는다. 양심의 가책으로 당신의 에너지를 소모하지 말자. 일을 좋아하는 여성이 죄책감 때문에 전업주부가 된다고 해서 아이가 행복한 것은 아니다. 마찬가지로 엄마가 일을 한다고 해서 아이가 불행해지지도 않는다. 일에 보람을 느끼고 행복한 엄마가 아이에게도 좋은 영향력을 끼친다. 모든 것을 엄마가 다해 줄 필요는 없다. 나는 아이들과 오랜 시간을 함께하지 않았지만 열심히 사는 모습을 보여 주었다. 아이에게 엄마가 행복한 모습으로 일하는 것을 보여 주며 왜 일을 하는지도 알려주고, 아이에게 어떻게 도움이 필요한지 구체적으로 알려주는 것도 좋은 방법이다. 남편에게도 협력을 요청하라. 당신은 지금 잘하고 있다. 현재 모습을 인정하고 자긍심을 되찾자. 내가 아닌 가족이나 타인만을 만족시키며 사는 인생을 성공한 삶이라고 할 수도 없고, 행복할 수도 없다. 당신이 행복해야 아이도 배우자도 행복해질 수 있다. 모든 것을 당신이 해야 할 필요는 없다. 모든 것을 어깨에 짊어진 당신은 지쳐 버리고 결국 누구에게도 도움이 되지 않는다. 가족을 돌보듯이 스스로도 돌볼 수 있어야 한다.

착한 여자 콤플렉스

지혜로운 나쁜 여자가 되자

중소도시인 C시의 종합병원에 근무하는 장지영 씨는 외래 책임 간호사다. 그녀는 외래 책임 간호사로 근무하고 있지만 먼저 입사한 외래 고참 간호조무사들의 텃세에 어려움을 겪고 있었다. 경력이 오래된 간호조무사들은 외래 담당 책임을 맡고 새롭게 입사한 장지영 씨가 마음에 들지 않았다. 직원들은 점심시간에도 교대로 간호사실을 지켜야 하는데 모두 약속이나 한 듯이 자리를 비워서 장지영 씨가 늘 혼자 간호사실을 지켜야 했다. 새로운 업무를 완전히 파악하지 못한 장 간호사가 실수라도 하게 되면 무안을 주며 함께 비웃었다. 그리고 장지영 씨가 나약하며 업무능력이 의심스럽다고 간호부장에게 거짓으로 보고하여 그녀를 곤경에 처하게 했다. 심지어는 자신이 일에 대한 미숙한 처리로 타부서로 발령이 났는데도 장지영 씨 탓으로 원망을 돌렸다. 장지영 씨는 심한 마음고생으로 인해 자주 위경련으로 고생을 했고 체중도 많이 빠져 고민이 많았지만 혼자 꾹꾹 참으면 언젠가는 진심을 알아주겠지. 부당하긴 하지만 나 하나 참으면 병원이 조용한데 문제를 만들 필요가 없다고 생각하며 참고 또 참

왔다. 후에 함께 근무하던 다른 직원의 고백으로 병원장까지 알게 되어 그녀의 억울함이 밝혀졌지만 그녀는 사람들의 이중성에 너무 지쳐 병원을 퇴사했다.

장지영 씨처럼 여성들 중에는 "여자는 착해야 한다"는 강박관념 즉 착한 여자 콤플렉스로 인하여 고생하는 사람이 많다. 주변 상황과 환경에 맞추기 위해 자신을 억누르면서 억울하고 속상하지만 내가 참으면 되지라고 자기최면을 걸며 착한 여자로 살아가고자 한다.

이들은 남에게 되도록 좋은 인상을 주고 잘 보이려고 하며 타인의 부탁도 거절하기 힘들다. 우리의 문화는 자기주장이 분명한 여성을 별로 좋아하지 않기 때문이다. 그러다보니 마음 상하는 일이 있어도 사람들이 있는 곳에서는 되도록 참는다. 토론이나 대화 시에 다른 의견이 있어도 말하지 않고 조용히 있는 경우가 많다. 하기 싫은 일도 다수의 의견이면 따라간다. 앞의 열거한 내용에 해당되는 항목이 많다면 당신도 '착한 여자' 콤플렉스일 가능성이 많다.

우리 사회는 착한 여자를 좋아했다. '착한 여자' 콤플렉스의 착한은 선한 이미지보다 전통적인 성역할 고정관념에 얽매여 끊임없이 다른 사람에 비친 자신의 모습을 의식하게 하고 자신의 본성이나 잠재력을 억압하게 한다. 하고 싶은 말을 하고서는 스스로 '내가 나빴어'라며 죄책감을 느끼기도 한다. 결혼한 여성이 자신의 일에 열중하여 아이의 식사라도 소홀히 하면 "그러고도 네가 엄마냐"라는 비난을 듣게 되고, 남편이나 시댁의 옳지 않은 소리에 말대답이라도 하면 "독한 것", "나쁜 년"이란 소리까지 듣는 여성이 드물지 않다.

착한 여자 콤플렉스는 우리 사회가 여성답다고 만들어낸 모성, 희생, 수동적인 성품 등을 당연한 것으로 수용하게 된다. 양보, 인내, 희생이 미덕이라고 요구받고 교육받아 온 여성은 이러한 것에 순응하지 못했을 때 스스로 나쁜 여자라고 비하하며 죄책감까지 느끼게 되는 것이다. 마찬가지로 좋은 의도로 남의 부탁을 거절하지 못하고 도와주는 경우가 잦을수록 사람들은 당신에게 중요한 업무를 맡길 가능성은 떨어진다. 보조하는 인력 정도의 이미지가 형성되는 것이다. 무조건적인 예스는 당신의 커리어에 도움이 되지 않는다. 원치 않은 일 도와주다가 정말 중요한 일을 해야 할 때는 시간도 없고 에너지도 소진되어 있다.

더 이상 착한 여자로 보이기 위해 지나치게 자신을 억압하고 애쓰지 말라. 관계가 나빠지거나 깨질까봐 두려워 타인에게 맞추려고 애쓰는 동안 더욱 많은 에너지를 소모하며 건강에도 나쁜 영향을 미친다. 사회는 롤러코스트를 타듯 급격히 변하고 있다.

나의 내면에 귀를 기울이고 당당하게 자신의 목소리를 내자. 지혜롭게 나쁜 여자, 괜찮지 않은가. 더 이상 착한 여자 콤플렉스에서 머물지 말고 내가 하는 행동이나 태도에 대한 타인의 의견에 일희일비하지 말자. 아닌 것은 아니라고 말할 수 있고 싫은 건 싫다고 말하자. "아니오"라고 말할 때는 딱 잘라 퉁명스럽게 말하는 것은 피하라. 부드럽고 우호적인 태도로 이야기해야 서로의 관계를 유지할 수 있다. 정당하게 "아니오"라고 말할 수 있는 당신 멋지다. 자신을 믿고 사회적인 편견을 극복하자.

남탓 증후군

인생을 스스로 책임져라

26세에 8개월 된 남아를 기르는 미혼모 영선 씨를 만난 것은 내가 운영하는 교육기관을 찾아오면서부터였다. 그녀의 사연을 알게 된 나와 직원들은 어떻게든 그녀가 일 년이란 교육 과정을 무사히 마치고 국가 자격증을 취득한 후에 취업하여 안정적인 삶을 살 수 있도록 도와주려고 했다. 그녀가 불안정해 보일 때는 다독여 다시 공부하게 하고 실습도 무사히 마칠 수 있게 애를 썼다. 틈틈이 대화도 자주 했다. 일 년의 교육 기간 중 힘들었던 병원 실습도 무사히 마치고 두 달만 공부를 하면 마무리 되는 시기에 그녀는 무단결석을 반복했다. 연락두절로 안타까운 마음에 그녀의 집에 몇 번 찾아가도 만날 수가 없었다.

영선 씨와 같은 경제적 자립이 절대적으로 필요한 여성을 종종 만나게 된다. 자신의 삶을 잘 개척하여 나에게 보람을 느끼게 하는 여성도 많지만 어떤 이들은 버겁거나 피곤한 일들이 생기면 모든 것을 차단해 버리고 포기한다. 자신의 인생은 자신이 만든다. 아니면 남의 인생에 들러리가 된다. 영선 씨처럼 자기 존중감이 약한 사람은 의지력도 떨어진다. 이들은 더 나은 미래를 위해 시간과 노력을 투자하는 데 인색하다. 이들의 특징은 의지가 약하고 책임지려 하지 않으며 어려움에 부딪치면 포기가 빠르다. 필자는 아무리 도와주려고 애써도 영선 씨 같은 경우를 몇 번 접하면 기운이 빠진다. 이 중에는 자신에게 관심을 보이는 남성의 마음을 사랑이라 믿으며 그에게 의지하면 행복할 것이라고 믿는 사람도 있다. 남성과 헤어진 후 다른 사람과의 관계에서도 자존감이 없으니 관심을 보이면 학업도 생업도 포기하고 새롭게 만나는 사람에게 몰두한다. 책임져 줄 마음이 없는 사람에게 희망을 가졌다가 또 상처를 받는다.

현재 무엇이 중요한지 모르는 이들의 인생은 자꾸만 이렇게 불안정하고 삐걱거린다. 과연 누구 탓이기만 한 것인가? 사랑이 결핍되어 사랑을 찾아 가는 사랑 증후군은 누구나 정도의 차이일 뿐 앓고 있다. 인간은 원래 외로운 존재다. 함께여도 늘 어딘가 허전한 것은 누구에게나 있다. 어릴 적 부모의 사랑을 풍족하게 받은 사람도 있고 안타깝게도 사랑을 부족하게 받은 경우도 있다. 그렇지만 성인이면 경제적인 자립이 필요하다. 마냥 의존하기만 하는 여성에게서 매력을 느끼고 인생을 함께하고픈 남성은 드물다.

요즘은 남녀가 모두 예전처럼 사랑 하나에 모든 것을 걸 만큼 순수한 사람이 얼마나 될까. 사랑과 더불어 상대방의 능력도 함께 생각한다. 여성이 경제력을 갖추었을 때 더욱 당당해질 수 있다. 전업주부의 삶을 과소평가하는 것이 아니다. 전업주부의 삶을 선택하든 커리어 우먼의 삶을 선택하든 그건 본인의 가치관에 따른 선택의 차이일 뿐이다. 다만 남편과 자녀들 뒷바라지는 평생 하는 것은 아니다. 자녀 뒷바라지는 20~30년 정도면 충분하다. 그 다음 긴 중년, 노년의 삶 동안 나는 무엇을 하며 살 것인가를 생각해 보아야 한다. 어차피 인생은 스스로 책임지는 수밖에 없다.

빈둥지 증후군

정체성 상실의 위험

50대 중반인 김정희 씨는 남편과 두 아들을 둔 전업주부로 열심히 살아왔다. 아무리 피곤해도 사업하는 남편을 위해 항상 따뜻한 식사를 준비했으며 자녀들이 학업에 몰두하게 하기 위해 가사 일은 혼자 차지였다. 두 아들은 장성하여 다른 도시로 이사를 갔다. 자녀들은 결혼과 동시에 안부전화도 거의 없다. 남편도 김정희 씨와는 대화가 안된다며 골프다 행사다 해서 밖으로만 돈다. 그녀는 그동안 가족을 위해 얼마나 열심히 살았는데 남은 것은 외로움뿐인가 하는 생각에 우울하다. 이 여성의 경우는 빈둥지 증후군에 해당한다.

빈둥지 증후군empty nest syndrome은 공소증후군空巢症候群·빈둥지 신드롬이라고도 한다. 중년주부의 정체성 상실을 의미하는 것이다. 남편은 바깥일에 바빠 아내의 기대치를 채워주지 못하고 부부 간의 대화도 거의 없다. 자녀도 성장하면서 집을 떠나거나 세대 차이를 이유로 엄마와의 관계가 소원해져 더 이상 도움을 필요로 하지 않게 된다. 삶의 전부라고 여겼던 가정에 홀로 남고 자신은 빈껍데기 같은 처지가 되었다는 공허감과 불안에서 오는 우울증을 앓게 되는 것이다. 가족이 관심을 갖지 않으니 정체감이 상실된다. 아내로서 엄마로서 헌신을 했는데 그 모든 것이 헛되게 느껴지는 것이다. 주부로 살면서 늘 같은 일상을 반복했기 때문에 사회에 진출하는 것은 두렵고 경쟁력도 없는 것 같아 자존감도 낮아진다. 전업주부의 삶도 가치 있는 일이다. 이를 제대로 인정해 주는 사회 분위기도 조성되어야 한다. 이를 극복하기 위해서는 가족의 관심과 사회적으로는 취업을 원하는 여성들이 일할 수 있는 제도가 마련되어야 한다.

요즘은 조기 유학생을 둔 아버지들도 기러기 아빠로 힘든 시기를 보내고 있다. 많은 남편들이 자신이 돈을 버는 이유가 가족 때문이라고 말한다. 기러기 아빠들은 유학 간 자녀와 아이를 뒷바라지해주기 위해 함께 떠난 아내의 부재로 영양 부족의 식사와 경제적 어려움의 이중고로 힘겹다. 무엇보다 가족이 떠난 빈자리의 외로움으로 고통을 겪고 있다. 가족이 서로 떨어져 지내도 영상통화나 SNS 등으로 꾸준한 소통을 유지해야 후에 함께 지낼 때의 괴리감을 극복할 수 있는데 이도 쉽지 않다. 가족을 위해 지나치게 희생하는 삶이 바람직하다고만 할 수는 없다. 아버지의 역할이 자녀의 나은 미래를 위해 경제적인 부분만 책임지는 것은 아니다. 연구에 의하면 아빠가 자녀와 함께 있는 시간이 많아질수록 아이들의 학업성취도는 올라간다고 한다. 아빠의 희생을 아이들이 온전히 이해하지도 않는다. 늘 함께 있지는 못해도 주기적으로 만나 가족이 함께 일상을 공유하며 생활하는 것이 행복이 아닐까. 가족이 함께 행복한 삶을 살기 위해서 부모의 일방적인 희생이 당연해서는 안 된다. 누군가 지나치게 힘들고 고통스럽다면 결국 모두가 행복할 수 없다.

모나리자 신드롬

자신의 감정에 충실하라

류미경 씨는 7년차 부부다. 남편과 3년의 연애를 통해 결혼했다. 부부에게는 다섯 살 된 유치원생 딸이 한 명 있다. 둘 다 맞벌이 부부이지만 퇴근 후 가사는 대부분 그녀의 몫이다. 오늘따라 미경 씨는 너무나 피곤하다. 피곤함을 견디며 저녁상을 차렸다. 여느 때처럼 식사 후 남편은 소파에 누워 리모컨으로 뉴스에 채널을 고정하고 있다.

설거지를 하던 그녀는 딸아이가 내일 유치원에 가져가야 할 준비물이 생각났다. 주방 일을 끝내면 문구점이 문 닫을 시간이다. 그녀는 남편에게 딸아이 준비물 좀 사오라고 부탁했다. 그런데 TV 뉴스를 보고 있던 남편이 퉁명스레 "NO"라고 대답한다. 그녀는 은근히 부아가 치밀어올랐다. 하루 종일 회사업무로 종종 거리다가 퇴근하여 피곤한 것은 마찬가지이다. 왜 육아와 가사 대부분을 혼자 도맡아해야 하는지 모르겠다. 이건 너무 불합리하다. 이런 생각으로 그녀는 애써 화를 참으며 다시 이야기했다.

"나는 지금 주방 일을 하고 있잖아. 곧 문구점 문 닫을 시간인데 빨리 가서 준비물 좀 사오세요."

그러나 남편은 꿋꿋하게 소파를 지켰다.

"미리 좀 사놓지. 이때까지 뭐했어. 난 뉴스 봐야 해."

결국 그녀가 설거지를 하다말고 준비물을 사기 위해 집을 나서야 했다. 그녀는 왜 자신이 모든 것을 참아야 하는지 화가 났다. 남편에게도 화가 났지만 매번 이렇게 화를 꾹꾹 누르며 그냥 넘어가 버리는 자신이 더욱 한심하게 느껴졌다. 그녀는 남편과의 갈등이 두려운 것이다.

일상의 사소한 다툼처럼 여겨지지만 이러한 일들이 쌓이면 여성은 스스로 무력감을 느낀다. 작은 휴지 하나도 바닥에 떨어진 것을 줍지 않고 그냥 두게 되면 사람들은 버려도 되는 줄 알고 행동하게 되고 나중에는 쓰레기더미가 되어 버린다. 내가 사는 거실에 쓰레기가 잔뜩 쌓여 있다면 그냥 있겠는가. 그전에 미리 치워버렸을 것이다. 당신의 감정도 마찬가지다. 사례의 류미경 씨처럼 매번 이렇게 넘어가 버리면 언제까지나 혼자서 모든 것을 다해내야 할 것이다. 자신의 태도가 미래의 당신에게 어떤 영향을 미칠 것인지를 생각해 보라.

《모나리자 신드롬》의 저자인 우테 에어하르트는 책에서 여성들의 길들여진 무력감을 '모나리자 신드롬'이라고 했다. 그녀는 이를 극복하기 위하여서는 전통적인 남성 중심의 생각에서 벗어나야 한다고 주장한다.

우테 에어하르트는 모나리자 근성의 이유를 여성들이 오랜 기간 여성 고유의 자세를 지속하며 그 기본 위에서 성공하도록 교육 받았으며 자신의 삶을 개척하기 위해 어려움을 극복해내는 모습이 긍정적인 평가를 받지 못했다는 것이다. 저자는 자신이 원하는 생각을 이루기 위해서는 솔직하고 단호하게 이야기하며 그것에 대한 책임도 져야 한다고 주장한다. 자신의 감정과 무심하게 살지 말자. 착한 여자가 대우 받는 것은 아니다. 당신의 감정에 충실하라. 희생이 당연한 것은 아니다.

가면 증후군

당신 자신이 되라

《사기꾼 증후군》의 저자인 해럴드 힐먼은 책에서 인간관계를 망치고 도전을 주저하게 만드는 '가면을 쓴 나'인 사기꾼 증후군을 제대로 다스리지 못하면 이것이 당신의 성공을 방해한다고 한다. 어떤 일을 맡게 되었을 때 '이 일을 잘할 수 있을까' '나는 이 자리에 앉을 자격이 있나'라는 자기 의심을 높이고 두려움과 불안을 만든다고 했다. 이 증후군을 겪는 사람들은 '타인이 생각하는 나' 또는 '스스로 이상적으로 생각하는 나'처럼 되어야 한다는 생각에 짓눌려 자신의 본모습을 계속해서 감추게 되는 것이다.

해럴드 힐먼은 저서에서 가면을 쓰고 있을 때는 두려움이 사람을 움직인다고 했다. 누군가 귓속말이나 곁눈질을 해도 나를 비난하는 것 같은 고민을 하며 타인에게 잘했다는 확인을 받고 싶어 하는 마음을 가지고 있는데 이 같은 걱정은 누구나 한번쯤 겪어보았을 상황이다.

이렇게 다른 사람인 것처럼 행동하며 자신을 포장하다 보면 본인이 가지고 있는 능력마저 가려지고 제대로 실력을 발휘하지 못한다.

문제는 완벽해야 한다는 생각에 어떤 일들에 대해 지나치게 조심스러운 태도를 보인다면 스스로를 성장하게 만들어 줄 수 있는 새로운 도전이나 기회에 머뭇거리게 된다.

《사기꾼 증후군》의 저자인 해럴드 힐먼은 이 증후군을 극복하기 위해서는 '진정성'이 필요하다고 조언한다. 가면을 쓰지 않은 참된 자신을 보여줄 때 타인에게 진정한 신뢰를 얻을 수 있다는 것이다. 간단한 해결법으로 주위 사람들의 도움을 받는 방법이 있다.

사기꾼 증후군을 떨쳐내고 자신의 능력에 자신감을 가지면, 내 안에 존재하는 약점과 두려움을 모두 인정하면서도 팀과 자신의 강점을 활용하여 최고의 성과를 만드는 리더가 될 수 있다고 저자는 말한다. 사기꾼 증후군을 잘 다스려야 자신의 능력을 향상시키고 자신감을 가질 수 있다. 스스로를 가면 속에 감춤으로써 주눅들 필요 없다.

지나친 겸손의 굴레에서 안타까운 것은 스스로를 낮추는 자기비하 때문에 당연히 요구할 권리가 사라지는 것이다. 겸손을 고집하다가 마땅히 받아야 할 자신의 보상을 다른 사람이 가져가 버리면 당신은 닭 쫓던 개 지붕 쳐다보는 격이 된다. 때로는 포장도 필요하다. 세상은 PR시대다. 세상은 당신의 겸손을 겸손으로 받아들이지 않고 진심으로 믿어 버린다.

잘못된 겸손

남자들은 대단한 능력을 가진 것이 아님에도 자신이 할 수 있는 일보다 더 잘하는 것처럼 행동한다. 그들에게 뻥튀기 의도가 있다기보다는 남성의 일반적인 모습인 것 같다. 반면에 여성은 실제 자신의 성공경험도 별것이 아니라는 식으로 애써 축소하려 한다. 이런 점에서 대체적으로 남자의 속성은 뻥튀기인데 비하여 여성들은 자신을 지나치게 낮게 보는 경향이 있다. 어릴 적 우리는 겸손해야 한다고 배웠다. 그러나 겸손도 상황에 따라 달라야 한다. 남자들이 대화하는 것을 유심히 살펴보면 마치 회사가 자기 때문에 잘 돌아가는 것처럼 말하곤 한다. 회사의 중요한 일은 혼자서 다하고 동료들은 무위도식하거나 무능력한 것처럼 이야기한다. 남자들이 술자리에서 하는 얘기를 들어 보면 사병으로 근무했으면서도 군대에서 영웅 아닌 사람이 없다. 반면에 여성들은 자신의 능력을 여성스러움으로 포장해서 낮춘다. 여성들은 자기의 진가를 스스로 낮게 평가하는 것 같다.

나는 얼마 전 모 한의원에서 직원추천 의뢰를 받았다. 성실하며 국가자격시험 합격이 확실한 교육생 한 명을 추천하여 취업시켰다. 그녀는 일에 있어 성실함과 유능함을 인정받았다. 그녀는 직장에 대한 만족도도 높았다.

문제는 국가 자격증 시험을 치른 후 "합격 하겠지요"라는 원장의 말에 그녀는 합격권을 넘는 예상점수를 맞았지만 혹시나 하는 마음에 안 될 수도 있다는 이야기를 했다. 그녀의 예상과 달리 원장은 즉시 다른 직원을 뽑기 위해 적극적인 노력을 했고 이미 그녀를 대체할 사람까지 준비했다. 자격증을 가진 사람이 꼭 필요했던 원장 입장에서는 당연히 합격할 것이라고 믿고 던진 한마디였다. 그는 직원의 자신 없는 대답에 불안하여 급하게 대체인력을 구했다. 이와는 다르게 그녀는 자신이 당연히 합격할 것으로 예상했다. 혹시나 하는 불안감으로 자신 없는 대답을 했던 것이다. 그녀는 자신의 한마디로 인해 병원의 빠른 대응에 놀란 가슴을 쓸어내려야 했다. 그녀는 평균점수를 뛰어 넘는 좋은 점수로 합격했고 여전히 그 병원에 근무 중이다.

그녀를 보며 나는 가면 증후군이 생각났다. 가면 증후군은 자신이 이뤄낸 업적이나 성과를 스스로 받아들이지 못하는 심리적 현상을 말한다. 원래 여성들의 이런 경향을 미국 조지아주립대의 심리학자인 폴린 클랜스Pauline Clance와 수잔 임스Suzanne Imes는 가면 증후군假面症候群: impostor syndrome으로 설명했다. 가면 증후군이란 자신의 성공과 명성이 전부 운과 우연으로 만들어졌고 주변 사람들을 속이며 살아왔다고 생각하는 불안 심리다. 이들은 자신을 과소평가하는 성향이 있다.

일명 사기꾼 증후군이라고도 하는 이 심리는 주로 성공한 여성들에게서 많이 나타난다고 하는데 이것은 새로운 도전 상황에서 실패할 경우에 자신이 받게 되는 심리적인 충격을 줄이기 위한 하나의 방어기제로 볼 수 있다. 많은 사람들이 충분한 능력이 있음에도 그 자리에 있을 자격이 없으며 언젠가 그 가면이 벗겨져서 자신의 정체가 드러날 것이라는 두려움을 가지고 있다. 사실 사기꾼 증후군은 특정 사람에게만 나타나는 것이 아니고 직장생활이나 사생활에서 자주 마주치는 현상이며 전체 인구의 70~75%가 한번쯤은 겪는 흔한 심리적 현상이다.

가면 증후군이 꼭 여자에게만 나타내는 증상은 아니지만 남성보다 여성에게 그러한 경우가 더 많아 보인다. 이는 여성이 남성보다 자신을 낮게 평가하는 경우가 많기 때문이다. 이름하여 '잘못된 겸손'이다. 그런 의식이 우리네 여성들에게 잠재되어 있다. 그런 겸손, 위장된 심리는 자칫 자신을 괴롭힐 뿐만 아니라 직장에서의 성공에도 걸림돌이 될 것이다.

chapter 2

여자의 방식은
따로 있다

여자와 남자,
그 차이를 알자

우리는 알게 모르게 여성과 남성의 성별 차이를 어린 시절부터 느껴왔다. 예컨대 '눈물'에 관한 것이 그 중의 하나다. 나는 영화나 드라마를 보거나 또는 책을 읽다가 주체할 수 없이 눈물이 뚝뚝 떨어져 당황스러울 때가 종종 있다. 사실 여성이 남성보다 더 많이 운다는 속설은 맞다. 남자들은 가부장적 지배 속에서 남자다움의 발로로 울음을 참는 환경적인 요소도 있지만 호르몬의 분비에서도 차이가 있다.

여성은 프로락틴이라는 호르몬이 남성보다 더 많이 분비된다. 모유분비를 도와주는 프로락틴은 눈물을 만드는 데도 관여한다. 여성은 특히 출산과 함께 생식호르몬인 프로락틴이 증가하면서 감정적인 눈물이 더 많이 나온다. 알다시피 남성들은 나이가 들면서 더 많이 우는데 이는 남성호르몬인 테스토스테론 수치의 감소하기 때문일 것이다. 이렇듯 남성과 여성 간에는 신체적·생리적·심리적으로 여러 가지 차이가 있다. 차이가 있다는 것은 생존방식에서부터 생활방식 그리고 작게는 리더십에도 당연히 차이가 있어야 함을 의미할 것이다.

권력의 핵심은
경제력이다

커리어 우먼인 김정미 씨는 오랜만에 고등학교 시절 친하게 지내던 친구를 만났다. 이십오 년 만의 만남이었다. 친구는 전문직인 일을 가진 남편과 남매를 둔 전업주부였다. 그녀는 남편과 아이들 뒷바라지 하느라 그동안 한 번도 직업을 가져 본 적이 없다고 했다. 친구는 오랜만에 김정미 씨와 만났지만 오후 6시가 지나자 불안해하는 표정이 역력했다. 그녀는 주섬주섬 일어나며 큰아이 저녁을 차려 주어야 한다며 가겠다고 한다. 친구의 행동에 김정미 씨는 놀랐다.

영국의 유명한 소설가이자 비평가이며 페미니즘 문학의 선구자이기도 했던 버지니아 울프는 그녀의 저서 《자기만의 방》에서 100여 년 전 여성의 삶을 이렇게 이야기했다. 그 당시의 여성은 교육을 받을 기회도 드물었고, 직업의 자유도 없었으며 남편의 허락 없이는 단 1페니조차 쓸 수가 없었다. 여성이 할 수 있었던 일로는 조화를 만들고, 책을 읽어 주고, 편지봉투에 주소를 적는 일 정도였다.

버지니아 울프는《자기만의 방》에서 여성의 정신적, 물질적 자립의 중요성을 주장했다. 그녀는 대부분의 여성이 경제적으로 아버지와 남편에게 의존했으며 이러한 점이 여성의 자아의식과 창의성에 중요한 장애물이라고 말한다. 여성은 세상에서 살아남기 위해 남성에게 복종하고 아부했다. 남성은 이러한 여성의 태도에 민감했고 우월감을 누리는 일에 익숙해지게 된다. 이러한 상황이 여성과 남성의 사고방식에 영향을 미치게 되는 것은 당연한 일이다(바바라 켈러먼, 데보라 L. 로드, 2010).

무엇 때문에 이렇게 많은 여성들은 가족의 생계를 남편에게 전적으로 의존할까? 출산 육아 문제로 인해 그렇다고 백 번 이해를 하더라도 남편에게 경제적인 문제를 다 맡겨 버리면 미래에 어려움에 처할 수 있다. 많은 여성들이 위기가 닥쳐 당황하는 경우를 볼 수 있다. 물론 전업주부의 삶도 가치가 있다. 자신의 삶에 만족해하며 행복하게 사는 여성의 삶을 낮게 보려는 의도는 아니다. 질병을 예방하기 위해 예방주사를 맞듯이 미래를 위해 대비책을 갖추기를 바라는 마음에서다. 현재는 괜찮더라도 아무런 준비 없이 언제까지나 안전한 삶을 살 수 있다고 믿어서는 안 된다는 말이다.

삶의 질에 가장 큰 영향력을 미치는 것은 경제력이다. 미래를 위해 미리 준비해야 하는 것이 경제력과 건강이다. 인생 100세 시대가 예견되면서 스스로의 삶을 어떻게 유지하고 책임질 수 있는가 하는 문제가 사회적으로 거론되고 있다. 통계적으로 여성이 남성보다 오래 살 확률이 높다. 여성이 경제적으로 자립하지 않으면 선택권은 없거나 줄어든다. 경제력이 없으면 가정에서도 위축되기 마련이다. 특히 여성들은 남성에 비해 노후 준비도가 낮아서 경제적 빈곤에 처할 가능성이 더욱 크다. 노년 삶의 궁핍은 개인의 책임만은 아니나 고령화에 대응하는 정책으로 노인을 복지의 대상으로만 보는 정부의 정책에는 한계가 있다. 스스로 준비해야 한다.

얼마 전 아울렛에 쇼핑을 하러 갔다. 남편은 차에 있고 나는 쇼핑몰을 돌아보며 내게 맞는 외투를 구입했다. 여성이 원하는 옷을 고르면 남성이 옆에서 척척 결제를 해주는 것이 한편으로 부럽다고 했더니 남편은 "당신이 원하는 옷을 누구의 눈치도 보지 않고 살 수 있는 능력이 있는 게 더 행복하다"는 말을 했다. 듣고 보니 맞는 말이다. 돈을 사용할 때마다 누군가의 허락을 받아야 한다면 괴로운 일이다.

가정에서도 권력의 핵심은 경제력이다. 누군가에게서 원하는 것을 얻어내려면 그만큼의 노력을 해야 한다(물론 '로또'에 당첨되어 돈벼락을 맞았거나 소위 금수저를 물고 태어난 사람에게는 해당되지 않는 말이다). 누구의 눈치를 보지 않고 원하는 것을 스스로 구입할 수 있는 것도 당당함이다. 원치 않는 불행한 결혼생활을 하는 많은 여성이 배우자와 쉽게 헤어지지 못하는 이유는 이혼 후의 경제적인 막막함 때문이 많은 부분을 차지한다. 이렇게 여성이 경제적으로 대등한 위치에 오르면 여성에게 불리하게 작용하는 사회문화적인 규범과 가치들도 서서히

허물어지리라 믿는다.

여성이 직장 생활을 하게 되면 남편에게 경제적으로 종속되지 않아도 되고 가정경제에도 도움이 되어 부부관계가 파트너십이 될 수 있는 장점이 있다. 현대사회는 삶의 많은 부분을 경제력이 지배하게 되었다. 여성이 경제력을 가지고 있을 때 자신이 결정할 수 있는 권한과 자유가 많아진다. 우리 사회에도 경제력을 가진 여성이 점차 늘어나고 있다. 경제력을 가진 여성은 전통적인 내조의 역할을 넘어서며 스스로 삶의 질을 향상시킬 수 있다.

상사와의 갈등을
어떻게 할까?

직장에서는 나와 생각이 다르고 내가 싫어하는 사람과도 일을 해야 한다. 내가 싫어하는 사람이라도 개인적인 감정을 보여서는 곤란하다. 입장 바꿔놓고 생각해 보라. 모든 사람이 당신을 좋아하지는 않을 것이다. 모두에게 호감을 받으려고 지나치게 애쓸 필요도 없다. 그건 희망사항일 뿐이다. 사람마다 가치관과 성향이 다르지 않은가. 서로 봐주고 참아낼 뿐이다. 당연한 사실이지만 막상 당신과 코드가 맞지 않는 상사와 부딪치면 스트레스를 많이 받는다. 서로 맞지 않는 상사나 동료에게는 일처리 과정에서 원칙을 고수하여 종종 갈등이 일어난다.

특히 상사와 감정적인 대립은 피해야 한다. 윗사람의 의견이나 지적이 터무니없게 느껴지더라도 지나친 갈등상황은 피하자. 상사의 기분을 나쁘게 해서 도움될 것이 무엇인가. 당신이 하고 있는 프로젝트에서 제외되거나 괘씸죄에 걸려 앞으로 기회조차 없어질 수도 있다. 당황해하며 불편함을 은연중에 드러내어 갈등 상황을 만들기보다 어떻게 해결할 것인가를 먼저 궁리하라. 의견이 맞지 않다고 쉽사리 감정을 표출했다가는 당신만 손해다. 설령 나의 생각이 맞고 상사가 틀렸다고 해도 그는 자존심 때문에라도 자신의 실수를 인정하고 싶어 하지 않는다. 나의 의견을 지나치게 주장하기보다는 상대방의 의견을 존중하면서 자신의 생각을 전달해야 한다. 상사의 지시사항은 먼저 실행한 부분을 보고하고 당신의 의견을 구체적인 자료를 통해 하나씩 설득하는 것이 현명하다. 하루아침에 이루어지지 않겠지만 인내를 가지고 설득하자.

지적을 개인적인 것으로
받아들이지 마라

상사의 지적을 개인적인 감정으로 받아들이는 사람이 있다. 상사 입장에서는 개선해야 할 일을 말했을 뿐인데 어떤 사람은 자신에게 불편한 마음을 돌려서 표현했다고 생각한다. 이런 경우에 '내가 뭘 잘못했지?'라는 속상한 마음보다는 객관적으로 냉정히 판단하려고 애써야 한다. 남성은 지적을 받으면 놀라는 일이 거의 없다(적어도 겉으로는 그렇다). 상사에게 업무적으로 훈계 받았다고 표정관리가 안 되거나 상처를 받는 남성은 별로 없는 것 같다(대판 싸움을 하는 경우는 드물게 있지만). 똑같은 경우에 여성은 머리를 싸매고 고민하고 힘들어 할 때 남성은 아무 일 없었다는 듯이 다음날 씩씩하게 출근한다.

지적을 개인적인 것으로 받아들이지 말라. 단지 업무의 개선점을 지적하는 것뿐이다. 또는 사람마다 다른 커뮤니케이션의 차이 때문이다. "이 따위 것을 가지고 와서 기획안이라고 내미는 거야. 당신 회사 그만 다니고 싶어?" 이런 식으로 큰소리로 호통치는 상사의 질책 앞에서도 두려움을 지나치게 내색하지 말라. 당신의 행동에 안쓰러움을 느끼는 것이 아니다. 오히려 당신을 만만하게 보고 실제 능력조차 평가절하 당할 수 있다.

남성과 다른
여성의 서열의식

중소기업의 과장인 민은정 씨는 열정적이고 성실한 업무 태도 때문에 사장님의 신임을 받고 있다. 그녀의 직속상사는 변 부장. 그는 평소에 권위적이고 정보를 혼자 독점하여 직원들에게는 인기가 없으나 남다른 영업력으로 사장의 신뢰를 받고 있는 인물이다.

민 과장은 외부기관에 일임하는 직원 교육을 사내 아카데미를 개설하고 국비지원을 받음으로써 직원 교육비를 크게 절약할 수 있는 기획안을 변 부장에게 보고했다. 그런데 변 부장은 무슨 까닭인지 결제를 미루고 있었다. 그의 미적지근한 태도와 결제지연에 지쳐 있던 민 과장은 다른 것을 보고 하러 사장에게 갔다가 변 부장에게 멈춰 있던 기획안을 보고했다. 사장은 그녀의 기획안을 칭찬하며 곧바로 일을 진행하도록 지시했다. 결국 변 부장은 사장의 지시에 따라 하는 수 없이 결재를 한 셈이다. 어쨌거나 그녀는 회사의 교육비용을 엄청나게 절감하는 성과를 내었다.

문제는 그 이후였다. 기획안의 성과가 좋았음에도 불구하고 자신이 무시당했다고 생각한 변 부장으로 인하여 결국 관계가 틀어지기 시작한 것이다. 다른 결제를 받을 때도 괜한 어깃장으로 힘든 상황이 빈발했다. 심지어 퇴사를 심각하게 고민해야 할 정도로 말이다.

남성들은 상하관계와 위계질서를 매우 중시한다. 남성 사회에서는 직속상사를 건너뛰어 보고하거나 결제를 받는다는 것은 상상하기 힘들다. 반면에 여성들은 직장 내의 서열의식이 약하다. 상하관계보다는 정적인 인간관계로 보는 경향이 있다. 그러기에 남성들은 직속상사에게 쩔쩔매는 경우가 있어도 여성들은 그렇지 않다. 따라서 위계질서와 서열의식이 강한 남성의 입장에서 여성이 서열을 뛰어넘는 행위가 당연히 불쾌할 수밖에 없다. 위계를 흐트러뜨리는 행위를 심각하게 받아들인다. 이 점을 잘 이해하고 직장 내의 처신을 한번 더 생각해봐야 할 것이다.

직감력을
최대한 활용해보자

뛰어난 직감력은 여성의 큰 장점이다. 여성은 남성보다 많은 것을 빨리 눈치챈다. 상대방의 표정, 눈빛, 바디 랭귀지, 말하는 투에서 상대방의 의중을 금방 알 수 있다. 남성은 별일이 없으면 문제가 없는 줄 알지만 여성은 사무실 내의 미묘한 공기를 감각적으로 알아차린다. 모든 일은 사소한 것부터 시작된다. 마찬가지로 직감력이 뛰어난 여성은 직원 개개인의 미묘한 심리 변화도 느낄 수 있다. 직원들이 힘들어 할 때 따뜻한 조언을 통해 문제를 해결하거나 도와줄 수 있는 능력을 발휘할 수 있다. 피드백 역시 강압적이지 않고 직원의 태도를 변화시키는 데 포인트를 둔다.

여성의 직감이 태생적이라는 내용의 과학적인 근거도 있다. 국제 저널 신경내분비학Psychoneuroendocrinology에 실린 연구에 의하면 여자의 뚜렷하고 예민한 직감은 타고난다는 것이다. 이는 엄마의 자궁 안에 있을 때부터 남성 호르몬인 테스토스테론에 노출이 덜 되었기 때문인 것으로 나타났다. 페인 그라나다대학교와 폼페우파브라대학교Univeristat Pompeu Fabra, 영국 런던 미들섹스대학교 합동 연구팀은 그라나다대학교 소속 학생 600명을 대상으로 조사했다. 결과는 남성이 여성보다 직관력이 떨어지는 것으로 나타났다고 한다. 연구팀은 실험참가자들에게 직관적인 능력과 합리적인 능력을 평가하는 인지반사능력테스트를 실시했는데 결론적으로 여성은 남성보다도 직관적인 대답을, 남성은 여성보다 심사숙고한 대답을 더 많이 내놓았다는 것이다. 연구를 주도한 그라나다 대학교의 안토니오 마누엘 에스핀 박사는 "여성의 직감이 발달한 것은 호르몬의 영향, 즉 생물학적인 영향이라고 볼 수 있다"고 했다. 물론 이러한 연구가 모두에게 적용되는 것은 아니므로 맹신해서는 안 된다는 단서를 달았지만 말이다.

세계적인 베스트셀러 작가 말콤 글래드웰도 그의 저서《블링크》에서 첫 2초의 느낌에 따르는 직관의 힘을 강조했다.《위대한 직감》의 저자 카렌 살만손KAREN SALMANSOHN은 책에서 직감이 판단과 선택에 있어 얼마나 중요한 역할을 하고 있는지를 주장한다. 그는 자신의 직감을 신뢰하지 않고 너무 많은 생각을 하거나 하지 않는다면 걱정, 두려움, 자신감 상실의 감정에 힘들어 하고 다른 사람의 판단에 의존하게 된다고 한다. 그와 달리 직감을 당신의 것으로 만들면 선견지명이 생기며 해보지 않던 일도 시도해 볼 수 있는 자신감이 생긴다고 말한다. 여성이 직감력을 잘 활용한다면 정치나 비즈니스에서 큰 능력으로 빛을 발휘할 수 있다.

chapter 3

남자의 방식에서
배우는 것

여성이 남성에게 배울 점은 없을까? 반대로 남성은 여성에게 배울 점이 없을까? 완벽하다면 세상에 한 성性만 있지 왜 남성男性, 여성女性이 있겠는가? 나는 서로 배울 것이 있다고 생각한다.

이 장에서는 여성들이 미처 파악하지 못한 여자들의 개선할 점을 언급함과 더불어 남성들에게서 무엇을 배울 것인지 다루려 한다. 그럼으로써 여성들의 역량이 그만큼 더 향상될 것이기 때문이다. 여성의 단점을 보완하고 남성의 강점을 보충한다면 당신은 좀 더 멋진 리더가 될 것이라 믿는다. 당신의 커리어에 날개가 달릴 것이다.

일을 대하는 태도

　여성들이 남성의 방식에서 배울 점은 일과 직업을 대하는 자세다. 어떤 차이가 있는지는 남성과 여성이 선호하는 직업을 보면 대략 알 수 있다. 대인관계 전문가이자 베스트셀러 작가인 워렌 패럴 박사는 그의 저서《남자보다 많이 버는 여자들의 비밀 25》에서 남녀의 소득 격차가 더 이상 여성에 대한 차별 때문이 아니라는 이야기를 했다. 이유는 여성들이 선택하는 직업에는 한계가 있다는 것이다.

　실제적으로 고용노동부나 워크넷에 나와 있는 '여성 직종 대상 TOP20'을 알아보면 일반사무, 회계, 경리, 비서, 고객관리, 안내 등으로 이는 대개 신체적으로 안전하며, 투자 위험도 거의 없고, 돌아다닐 일이 없으며, 근무 환경도 쾌적하다. 대개 야간 교대가 없고 짧은 통근 거리로 근무 조건이 편한 특징들을 가지고 있다.
　저자인 워렌 패럴 박사는 이러한 점들이 남자보다 여자들이 적게 버는 이유 중의 하나라고 설명한다. 저자는 여성들 대부분이 그러한 근무 조건과 일을 선호하는 경향이 크기 때문에 수요공급의 원칙에 따라 비교적 편안한 일은 저임금 업종이 되기 쉽다고 했다. 근무 시간이 짧고 근무 환경이 좋은 일에 돈을 많이 주는 회사는 별로 없을 것이니까.

리스크도
감수할 수 있어야

　워렌 패럴 박사는 남성들은 업무환경이 좋지 않거나 위험이 따르는 안전하지 않은 일을 하더라도 더 높은 수입을 얻기 위해서 그러한 일을 하고 돈을 더 벌 수 있는 기회도 늘어난다고 주장한다. 나는 워렌 패럴 박사의 의견에 전적으로 동의하지는 않지만(아직 우리나라 환경에는 이러한 점 외에도 차별적인 요소 등의 사회구조적으로 해결해야 할 문제가 많다) 나는 그의 의견 중에서 여성이 선택할 수 있는 직업에 한계가 있다는 점과 여성들의 직업 교육을 다년간 실시해 본 결과 여성들이 선호하는 직업과 근무 조건이 저임금 업종이 되기 쉽다는 내용에 공감한다. 무엇보다 여성의 일에 대한 태도와 선택에는 아쉬움이 있다.

　남자들은 일에 자신의 많은 것을 걸고 필사적으로 노력하는 사람이 많다. 물론 여성도 열정적으로 자신의 일을 사랑하며 열심히 일하는 사람이 많다. 그렇지만 일반적으로 일하는 태도를 보았을 때 남성은 가장이라는 책임 의식 때문인지 승진하겠다는 각오와 결의가 높으며 자존심 상하고 치사한 일에도 자신을 굽힐 줄 안다. 마음은 그렇지 않을지라도 상사 앞에서는 충성을 다한다. 여성의 시각에서 보면 이런 남성의 행태가 의아하게 생각될 것이다.

아마 당신의 직장에서도 그런 일을 수시로 접할 것이다. 뒷담화를 즐기며 상사를 욕하던 남성이 회식자리에서 언제 그랬냐는 듯이 상사의 비위를 맞추기 위해 능력을 오버하여 술을 마시거나 아부를 하고 있는 장면을 말이다.

그러나 남성의 그런 태도에도 배울 것은 있다. 회사 생활이 천국이 아닌 한 어느 정도의 고통과 리스크는 감수할 수밖에 없지 않을까? 기분 내키는 대로 성질대로 일할 수는 없는 것이다. 아니 그렇게 일할 수는 있겠지만 그런 경우 과연 어떤 장래가 보장될까?

회사를
그만두겠다고?

중소기업 사장으로 일하는 김미경 씨는 종종 경리과 과장으로 근무하는 이현정 씨를 생각할 때마다 화가 머리끝까지 치솟는다. 김미경 씨는 자신이 창업한 회사에서 못마땅한 직원 한 명으로 스트레스를 받는 것이다. 그녀에 대한 분노와 "당장 그만 두세요"라고 속 시원하게 말하지 못하는 자신에 대한 실망감으로 좌절감에 빠지기도 한다. 도대체 왜 사장이 과장 한 명으로 인해 골머리를 앓을까.

이현정 씨는 회사의 재정을 담당하는 경리과 부서장으로 뛰어난 업무 능력까지는 아니더라도 나름 경리업무를 안정적으로 잘해 내고 있다. 사장을 화나게 하는 이현정 과장의 문제는 '회사를 그만두겠다는 말'을 자주 한다는 것이다. 이현정 과장에게는 회사를 그만두어야 할 만큼 개인적으로 중요한 가정사가 있는 것도 아니고 회사 다니는 것이 힘든 것도 아니다.

이현정 과장의 "그만두겠어요"는 항상 즉흥적이다. 회사에 중요한 일정이 있는 날에도 갑자기 하루 쉬겠다든지, 사장의 질책에 기분이 나빠도 그만두겠다고 한다. 연휴 뒤에 연달아 이틀 더 쉬겠다고 하다가 안 된다고 하면 그만둔다는 식이다. 이렇게 일 년에 한 두 번은 꼭 일정에 없는 "그만두겠어요"라는 불량 수표를 남발한다. 평소에 업무 처리 능력이나 40대인 그녀의 나이로 볼 때 철이 없는 것도 아니고 김미경 사장은 도저히 이해할 수 없지만 마음처럼 퇴사처리를 쉽게 할 수도 없다. 문제는 이현정 과장만큼 일을 해낼 대체 관리자를 구하기 어렵다는 점이다. 그것이 중소기업의 한계이자 중소기업 경영자의 골치 아픈 현실이기도 한다. 그 때문에 사장은 속앓이를 하면서도 꾹꾹 참는 수밖에 없다. 어쩌면 김미경 사장의 소원은 '통일'이 아니라 유능한 경리과장을 구하여 여전히 "그만두겠어요"라는 부실 수표를 남발하는 이현정 과장에게 "그러세요"라며 한방 날리는 것이 아닐까. 안타깝다. 김미경 사장의 속내를 누가 알겠는가.

먼저 김미경 사장의 처리방식도 참 답답한 노릇이다. 한 번 생각해보자. 툭하면 "그만두겠다"라는 불량 수표를 남발하는 이 과장은 자신이 회사가 붙잡아야 할 만큼 경쟁력이 있다고 착각하고 있을 것이다. 그러나 회사에서는 당장 대안이 없기 때문에 그녀의 요구를 들어주는 것이지 회사가 크게 성장하고 나면 그녀는 해고 1순위가 될 게 뻔하다. 현실을 직시하지 못하고 자신의 요구를 들어주는 사장에게 그녀는 언제까지 그렇게 당당하게 "그만두겠어요"를 남발할 수 있을까. 이런 안이한 근무태도를 보여주는 상사를 둔 경리과 직원들은 과연 상사로서 이현정 과장을 존중하고 대우해줄까. 다 아는데 본인만

회사에서 자신이 유능한 직원이라고 착각하는 것이다.

　회사를 그만두겠다고 종종 으름장을 놓는 직원 중에 정말 회사를 그만두고 싶은 직원이 얼마나 될까. 실제로는 정말 그만두겠다는 마음을 가진 직원이 많지 않다는 것이다. 급여를 인상해주길 원하거나 업무환경을 개선해주길 바란다면 먼저 회사에 요구해야 한다. 특별한 이유 없이 즉흥적으로 "그만두겠어요"를 남발하다가는 언젠가 그 화살이 나쁜 평판으로 본인에게 돌아올 수 있다. 그리고 언제 그만둘지 모르는 사람에게 누가 중요한 일을 맡기겠는가. 그만두겠다는 말을 자주하는 직원은 결국 "저는 이 정도 그릇밖에 안 되는 사람입니다."라고 자신의 한계를 스스로 한정 지어 높은 자리까지 올라가길 스스로 포기하는 것과 같다.

발표력을
키워라

"비단 옷 입고 밤길 걷기"라는 말이 있다. 금의야행錦衣夜行이라고 한다. 즉 아무리 좋은 옷을 입더라도 밤길을 걸어서는 잘 보이지 않아 남이 알아주지 않는다는 뜻으로, 홍보 분야의 금언으로 자주 사용된다. 마찬가지로 아무리 좋은 내용이라도 그것을 제대로 표현해 내지 못한다면 금의야행錦衣夜行과 같이 보람이 없다.

A사에 근무하는 김경태 과장은 오늘도 속상한 마음에 사무실로 오자마자 얼굴을 붉히며 분통을 터뜨린다. CEO와 간부들이 모인 결산 회의 자리였다. 각 부서에서 한 해 동안 낸 성과를 발표하는 자리에서 김 과장이 CEO의 질책을 받은 것이다. 훌륭한 성과를 낸 김 과장이 왜 질책을 받았을까? 그 이유는 김 과장이 자신과 팀의 성과를 제대로 드러낼 수 있는 발표력이 부족했기 때문이다. 김 과장은 평소 여리고 착한 성품이다. 상급자와 부하직원 모두에게 평판은 좋았지만, 자신감이 부족해서 자신의 주장을 표현해야 할 때 잘 해내지 못

했다. CEO와 중역 모두가 참석한 자리에서 김 과장의 심장은 오그라들었고, 자신감 없는 작은 목소리로 프레젠테이션 자료를 읽는 정도에 거친 것이다. 반대로 경쟁자였던 한현상 과장은 시종일관 자신감 있고 당당한 태도로 발표를 진행했다. 그 결과 한 과장 부서의 성과가 크지 않았음에도 불구하고 오히려 더 큰 성과를 낸 것처럼 비춰져 칭찬을 들었다.

이는 돋보이는 프레젠테이션 덕분이다. 발표는 자신과 팀의 역량을 보여주는 중요한 창구다. 김 과장의 발표력 부족은 팀원에게도 피해를 주고 있다고 볼 수 있다. 일을 잘해 성과를 내는 것도 중요하지만, 효과적인 발표를 통해서 그 사실을 제대로 알리는 것도 그에 못지않게 중요하다. 두 사람이 각각 발표하면서 비슷한 솔루션을 제시한다면, 누구의 의견이 채택될 가능성이 크겠는가? 당연히 설득력 있게 발표한 사람의 의견이 채택될 가능성이 높다. 김 과장은 한 과장에게 속상해만 할 것이 아니라 노력해서 발표력을 향상시켜야 한다.

설득력이 있는 발표는 타인을 움직이고 행동하게 하는 영향력을 가질 수 있다. 왜 더 잘할 수 있는 기회를 포기하는가? 요즘은 정치인이나 전문 직업인, 교사처럼 직업상 발표가 필수인 사람이 아닌 일반인이라도 사람들 앞에서 말할 기회가 무궁무진하다. 이러한 시기에 발표를 잘하면 좋은 점이 많다. 모임에서는 돋보일 수 있으며 직장에서는 자신의 능력을 더욱 인정받을 수 있다.

평소에 말을 잘한다고 생각하는 사람조차도 모임에서 자기소개 시간이 되면 긴장하는 모습을 보게 된다. 발표를 하라고 하면 도망가고 싶은 마음이 앞서고 내 차례가 되면 가슴이 콩닥콩닥하고 등줄기에는 식은땀이 나지 않는가. 그럼에도 발표의 중요성을 알기에 더 잘하고 싶은 마음도 함께한다. 아무런 준비도 없이 발표에 임하는 사람은 없다. 특히 중요한 자리일수록 사람들은 노심초사하며 공을 들여 준비한다. 그럼에도 자신의 발표에 만족하기가 쉽지 않다. 여러 가지 이유가 있을 수 있다.

링컨은 연설할 때 청중이 무엇을 듣고 싶을까를 생각하는데 3분의 2의 시간을 사용하고, 본인이 말하고 싶은 내용을 생각하는 시간은 3분의 1을 사용한다고 한다. 대부분의 사람들은 완벽한 내용이나 자료를 준비하는 데 너무 많은 시간을 사용하여 실제로 전달하는 방법을 준비하고 연습하는 시간이 부족하여 발표 현장에서는 자신의 진가를 발휘하지 못하는 경우가 많다. 자신감 있고 전문적인 발표력을 가지기 위해서는 전달 방법을 연습하는 데 많은 시간과 노력을 기울여야 한다.

교탁 위에 올라간 아홉 살 소녀

여성의 발표력은 어떠할까? 발표력이 뛰어난 여성 리더를 만나면 흐뭇하지만 일반적으로 발표력이 출중한 여성을 만나기가 쉽지 않다. 이유가 무엇일까. 나는 여성의 능력이 부족하다고 생각하지 않는다. 다만 발표할 수 있는 기회가 남성에 비해 적었고 발표를 잘할 수 있는 방법을 배울 기회도 적었다고 본다. 또한 과거 유교적인 가부장제 문화에서 "여자가 똑똑하면 박복하다" 같은 말처럼 여성이 목소리를 내는 것을 낮추어 보아서 여성은 남 앞에 서는 데 소극적이었다. 그러나 최근에는 여성들의 활동 능력이 점차 넓어지고 사회활동이 증가하면서 그 중요성이 높아지고 있다. 발표할 일이 생기면 두려워할 것이 아니라 새로운 도전의 기회로 여겨야 한다. 특히 요즘처럼 경쟁이 심한 시대에 사람들 앞에 나서기를 꺼려해서는 리더로 활동하기가 어렵다.

내가 청중 앞에 서서 발표한 첫무대는 아홉 살 초등학교 2학년 때였다. 전교생이 모인 강당에서 학예발표회의 오프닝 멘트를 하게 된 것이다. 담임선생님은 방과 후에 발표 지도를 해주었다. 교탁 위에 자그마한 여자애를 올려놓고 선생님이 알려 주신 대로 잘하면 칭찬을 해 주었고, 실수를 하면 교탁을 흔들어 혼을 내었다. 교탁이 흔들릴 때마다 무서워 떨던 어린 내 모습이 지금도 기억에 생생하다. 그렇게 열심히 연습하여 드디어 무대에 오르게 되었다. 나는 잘할 자신이 있었는데 선생님은 내게 오프닝 멘트를 적은 종이를 보고 읽게 했다. 선생님 입장에서는 전교생과 많은 학부형이 모인 장소에서 어린 아이가 멘트를 까먹는 당황스러운 상황을 만들지 않게 하기 위한 예방책이었던 것 같다. 그 후에도 남 앞에서 발표하는 것이 쉽지는 않았다. 성인이 된 후 커리어 개발을 위해 노력하고 일의 특성상 사람 앞에 서는 일이 잦아지다 보니 발표력이 점차 향상된 것이다.

최고의 프레젠터가 되려면

프레젠테이션을 다수의 청중이 모인 장소에서 연단 위에 서서 하는 것이라고만 생각할 수 있으나 사실은 많은 사람이 일상에서 프레젠테이션을 하고 있다. 꼭 제대로 갖추어진 연단에서만 하는 것은 아니다. 누군가에게 나를 소개할 때도 프레젠테이션을 하는 것이며 업무상 만나는 사람에게 호의적으로 비춰지기 위해서도 프레젠테이션을 한다. 심지어 친구와 대화할 때조차 우리는 프레젠터가 된다. 셀 수도 없이 많은 순간을 우리는 알게 모르게 프레젠테이션을 하고 있다.

최고의 프레젠터는 누구인가?라는 질문에 많은 사람이 스티브 잡스를 이야기할 것이다. 운동화를 신은 청바지 차림의 스티브 잡스가 애플의 신제품을 직접 프레젠테이션 하는 장면은 명 프레젠테이션으로 많은 이들에게 각인되었다. 무수한 사람들이 스티브 잡스의 흉내를 내었지만 스티브 잡스처럼 청중의 마음을 사로잡지는 못했다. 나는 세련되고 유창한 프레젠테이션만이 제일이라고 생각하지 않는다. 상대방을 설득하는데 가장 중요한 진정성이 있느냐 없느냐의 문제다. 그리고 좀 더 욕심을 내자면 프레젠터에게서 인간적인 매력이 추가된다면 더할 나위 없이 멋지다.

신체언어

    교수이자 심리학자인 앨버트 메라비언Albert Mehrabian은 연구를 통하여 상대방에 대한 인상이나 호감을 결정하는 것으로 그가 말하는 내용은 7%만 작용하고, 청각 38%, 시각은 55%의 영향을 끼친다고 했다. 여기서 시각은 자세나 제스처, 표정, 용모, 복장 등의 외면적으로 보여지는 부분을 뜻하고, 청각은 음성이나 목소리의 톤으로 귀로 들려지는 것을 말한다. 사람들이 중요하게 생각하는 말의 내용보다는 비언어적인 요소가 훨씬 더 많은 부분을 차지하고 있다. 커뮤니케이션 시에 그만큼 시각과 청각의 이미지가 중요하다는 이 이론은 메라비언의 법칙으로 널리 알려져 있다.

    리더십은 커뮤니케이션과 밀접한 관계가 있다. 리더가 무엇을 어떻게 말하느냐 하는 것이 리더십에 영향을 미치는 것 못지않게 리더의 비언어적 표현들, 예컨대 자세, 표정, 음성, 눈 맞춤, 같은 표현들이 리더의 성공과 실패에 큰 영향력을 발휘한다. 그럼에도 불구하고 많은 사람들이 직접적인 언어적 커뮤니케이션에는 신경을 많이 쓰는 반면 비언어적인 신체언어의 중요성은 간과하는 경향이 있다

비언어적 커뮤니케이션의 중요성

리더가 신경써야 할 비언어적 커뮤니케이션의 대표적인 것에는 자세, 걸음걸이, 표정, 제스처가 있다. 자세부터 살펴보자. 제스처가 넘치면 가볍게 느껴진다. 제스처가 전혀 없으면 무미건조하고 삭막한 느낌이 든다. 다음으로 표정에서 가장 강조하고 싶은 것은 시선이다. 대화할 때 눈을 마주치지 않으면 상대에게 신뢰감을 줄 수 없다. 시선을 회피하지 마라.

유아교구 업체에 근무하는 김현아 씨는 비즈니스 상담을 가면 번번이 고배를 마셨다. 그녀는 늘 철저한 준비를 하고 상담에 임했는데 자신보다 상품 설명을 제대로 못하는 동료가 늘 그녀보다 실적이 우수했다. 그녀는 도무지 무엇이 문제인지 이해가 되지 않았다. 고민하던 그녀에게 모 기업체 담당자가 조심스레 조언하길 상사인 부장이 시선을 제대로 맞추지 못하는 사람은 신뢰하지 않는다면서 자신의 부장과 이야기할 때 시선을 회피하지 말라고 했다. 그건 당연한 것이다. 시선을 회피하면 자신감이 없어 보인다. 지나치게 시선을 마주치면 도전적으로 보인다. 담당자의 조언을 듣고서야 그녀는 자신의 문제를 제대로 알 수 있었고 조금씩 고쳐나가 지금은 예전보다 훨씬 더 많은 실적을 올리며 승승장구하고 있다. 마찬가지로 리더가 직원을 대할 때도 시선을 피하면 나는 보기 싫은 너를 만나고 있다는 느낌을 줄 수 있다. 타인과 원만한 관계를 가지기 위해서는 상대방의 신체 언어를 잘 이해하고 이에 대응하는 능력이 필요하다.

나의 의도를 제대로 전달하는 기술, 상대방의 의도를 제대로 읽는 기술은 사회생활에서 매우 중요하다. 나의 의견을 단호하고 자신감 있게 표현하려면 어떻게 해야 할까? 대화 시에 시선을 어디에 두고 있는가. 대화를 나누면서 상대방과 눈을 맞추는 것은 내가 하는 말에 대한 진정성과 내가 하고자 하는 말의 내용에 대해 잘 전달할 수 있는 효과를 가지고 있다.

반면에 시선을 맞추는 것에 대한 쑥스러움이나 어색함으로 인하여 고개를 떨어뜨리거나 시선을 피한다면 말에 대한 신뢰감도 떨어질뿐더러 미숙한 사람으로 보여진다. 대화 중에 상대방을 빤히 바라보는 느낌을 주는 것은 건방진 인상을 줌으로 이 또한 바람직하지 않다. 시선을 맞추려는 노력은 의도적으로 필요하다. 반면에 머리를 삐딱하게 한 방향으로 기울이는 자세나 머리카락을 자주 쓸어내리는 경우는 산만해 보이고 자신감 부족으로 비춰지니 이러한 습관이 있다면 고쳐라.

걸음걸이도 중요하다. 당신의 걸어가는 뒷모습을 거울로 비춰본 적이 있는가. 걸어가는 내 뒷모습을 보고도 쫓아와서 반가워하는 사람도 있다. 그들은 당당하게 걸어가는 내 모습에서 자신감을 느낀다고 한다. 당신의 걸어가는 뒷모습을 동영상으로 촬영해 보라. 걸어갈 때 느릿느릿 걸으면 왠지 일하는 속도도 느려 터질 것 같고 종종 걸음으로 걷는 사람은 가벼워 보인다. 구두의 또각또각 뒷굽소리가 요란한 경우도 좋은 인상을 주기 어렵다. 사실 뛰어난 리더와 뒤쳐진 리더의 차이는 크지 않다. 자세도 팔자걸음으로 걷는 여성이 많은데 그것도 아름답지 못하다. 구두 뒷굽이 너무 닳았을 때 그것만 제때 갈아주어도 달라 보인다.

미국의 유명한 영화배우이자 억만장자인 패리스 힐튼은 항상 머리에 왕관을 쓰고 있는 것처럼 걸으라고 이야기했다. 그만큼 당당한 자신감의 표현을 강조한 것이다. 이야기할 때 계속 머리카락을 매만지며 쓸어넘기는 여성과 대화를 한 적이 있다. 그녀는 전문직에 종사하고 있었음에도 나는 그녀의 가벼운 태도에 내심 프로가 맞나 하는 의아심이 들었다. 누군가를 만나고 난 뒤에 그 사람을 떠올려보면 그가 말한 내용이 전부 기억나지는 않는다. 표정이나 제스처, 대화할 때의 특징적인 목소리 등이 생각난다. 움직임이 지나치게 많거나 어떤 물건을 지속적으로 만지작거리는 행동은 산만한 느낌을 주며 주위를 분산시킨다. 당연히 자신의 영향력을 감소시킨다. 습관적으로 다리를 떨고 있는 사람에게서는 신뢰감을 가지기 어렵다. 불필요한 움직임은 피해야 한다.

야근
어떻게 해야 하나

일을 하다보면 연장근무를 해야 할 때가 있다. 우리 조직 문화는 칼퇴근이 어렵다. 남자들은 야근을 좋아할까. 당연히 좋아하지는 않는다. 워크 홀릭이 아닌 다음에야 늦게까지 남아서 일하는 것을 좋아하는 사람은 없다. 다만 남자들은 이 부분에 대해 여자보다 스트레스를 덜 받는 것 같다.

잦은 야근은 여성들이 조직에서 생존하는데 커다란 문제가 되고 있다. 특히 결혼하여 자녀를 가진 여성은 야근이나 늦은 회식에 안절부절할 때가 많다. 여전히 육아가 개인문제라는 생각이 많다. 이런 연유로 결혼한 여성이 일과 가정을 양립하면서 성공하기란 어렵다. 야근으로 퇴근이 늦어지면 아이 걱정과 식사 문제에 부딪친다. 시어머니의 걱정과 남편의 불편한 표정에 발을 동동거리는 여성이 아직도 많다. 그렇게 눈치를 살피며 경력을 이어가다 한계점에 도달하면 회사를 그만두게 된다.

식사를 준비하는 것이 당연히 여성이어야 한다는 법은 없다. 일한다는 이유로 식사를 챙기지 못하는 워킹 맘이 더 이상 이기적인 여자로 비춰져서는 안 된다. 경제활동을 부부가 함께하는 가정이라도 남편의 가사 분담이 크게 늘어난 것도 아니다. 배우자의 가사 참여율이 적극적으로 늘어나면 여성의 부담은 한결 줄어들 것이다. 고무적인 일은 남자들도 조금씩 변하고 있다는 점이다. 아직 미약하지만 집안일을 분담하는 남편들이 늘어나고 있다. 아파트 엘리베이터에서 분리수거하러 가는 남편들을 자주 보게 된다. 항상 집안이 깨끗하고 가족에게 제대로 된 식사를 제공해야 한다는 강박관념에서 탈출하자. 다른 사람의 도움을 받을 수도 있고 바깥에서 식사를 해결할 수도 있다. 일과 가정 모든 것에서 완벽해야 한다는 생각에서 벗어나자.

chapter 4

성공한 여성 리더의
10가지 특성

많은 여성이 자신의 환경과 관계없이 스스로 무엇인가를 선택할 수 있는 권리를 포기하고 있다. 이는 매우 안타까운 일로 여성들 본인이 속한 사회의 규범이나 문화에 따라 당연하게 여기고 있기까지 하다. 자기 인생의 선택권을 가족이나 타인이 가지게 한다면 수동적인 인생을 살게 될 것이다. 삶의 주도권은 당연히 자신이 가져야 하는데 말이다.

여성 리더십의 권위자인 샐리 헬거슨Sally Helgesen은 유명한 그의 저서 《여성의 장점》에서 '포용(통합)의 거미줄'이라는 개념을 주장했다. 샐리 헬거슨은 성공한 여성 리더들이 있는 조직에서는 상명하달 식의 위계적인 체계를 보기가 어렵고 리더는 거미가 거미줄을 엮듯 중심부에서 주변으로 지속적으로 순환하면서 거미줄을 만드는 역할을 한다고 주장했다. 이때 리더가 활용하는 것은 강제적인 힘이나 능력 같은 방법이 아닌 대화라는 것이다. 그것은 구성원에게 꾸준한 대화의 기회를 제공하는 것이고, 여성은 거미줄과 같이 사람들을 통합하는 관계기술을 가지고 있다고 했다.

바바라 켈러먼, 데보라 L. 로드는 《여자로 태어나 위대한 리더로 사는 법》에서 성공한 여성 리더들을 관찰해보면 집중력과 강인함, 냉철한 판단력을 보였다는 점을 확인할 수 있다고 한다. 즉, 조직이 성공하기 위해서 꼭 필요한 결정이라면 다른 사람이 일자리를 잃고 마음의 상처를 입더라도 타인의 삶, 역할에 대해서 어려운 결정도 내려야 한다는 것이다. 또한 성공하기 위해서는 엄격함, 용기, 외로움을 어느 정도 수용하려는 마음을 가져야 한다고 했다.

이 장에서는 성공한 여성 리더들이 갖는 특성으로 10가지를 다루었다.

확고한 목표

성공의 으뜸 조건

10년 전의 일이다. 나는 어떤 책에 마음이 끌렸다. 자기 계발서인 그 책은 현실적이고 적절한 사례를 들어 우리가 알아야 할 것들을 명쾌하게 풀어냈다. 물론 꽤 괜찮은 이 책을 읽지 않는다고 사람들이 당장 어떻게 되는 것은 아니다. 사소하게 생각할 수 있는 작은 것이 삶에 긍정적인 변화를 줄 수 있는 계기가 될 수 있다는 내용이 담겨 있었다. 글들이 톡톡 튀어나와 나를 반겨주는 느낌이었다.

나의 생활습관에도 영향을 미친 심리학자의 이 저서를 6번 완독했다. 책 앞장에는 8년간에 걸쳐 필요할 때마다 틈틈이 읽기 시작한 날이 기록되어 있다. 여백에는 내 생각과 의견, 그 책의 내용에 관해 추가적인 메모가 꼼꼼히 적혀 있다. 놀랍게도 처음 책을 읽기 시작한 2006년 날짜 위에 'CEO 조금숙'이라는 글을 선명하게 적어놓았다. 2011년 나는 창업을 했다. 그러니 목표했던 것이 5년 뒤에 실제로 이뤄졌다는 이야기가 된다. 반복해서 읽은 덕에 표지가 너덜너덜해져 투명 테이프로 다시 붙여야 할 정도로 오랜 시간 손에서 놓지 않은

흔적이 정겨움으로 다가왔다.

얼마 전, 다시 그 소중한 책을 책장에서 꺼내게 된 것은 유명한 베스트셀러 작가이자 심리학자인 저자의 강연을 들을 기회가 생겨서다. 그때의 감정이 되살아나 무심히 책을 펼쳐보다가 나 자신도 예전의 기록에 깜짝 놀랐다. 목표란 이렇게 중요한 것이다.

나는 강의를 하다 보니 다양한 계층의 사람을 많이 만나게 되는데 안타까운 점은 팍팍한 현실에 지쳐서인지 의외로 목표의식이 뚜렷하지 않은 사람이 많다는 사실이다.

인생에게 중장기 목표를 세우는 것은 취업보다 더 중요하고 기본적인 일이다. 일만 하게 해주면 열심히 하겠다고 의지를 불태우던 신입사원이 오후에 말도 없이 사라졌다는 어느 사장의 하소연이 낯설지 않다. 성인이면 자신이 결정한 일에 책임감을 가지고 노력해야 하는데 일이 힘들다고 그 순간을 극복하지 못하고 사라지는 일이 왜 일어날까. 분명한 목표가 없기 때문이다. 목표가 확실하다면 힘든 순간도 극복해야 할 과정으로 생각하고 더욱 분발하게 된다.

성공의 첫째 조건으로 많은 사람이 뚜렷한 목표의식을 꼽고 있다. 분명한 목표를 가진 사람은 주위 사람들을 자신의 편으로 끌어들이는 흡인력을 가지고 있다. 성공한 리더들은 먼저 큰 목표를 정하고 하나씩 꾸준한 노력을 통하여 원하는 것을 성취한다. 처음부터 커다란 목표는 중압감을 줄 수 있지만 작은 목표를 이루고 그보다 좀 더 큰 목표를 향하는 것은 수월하다. 하나씩 달성한 후에 점점 큰 목표를 향해 올라가는 것이다.

그냥 하는 사람과 자신이 원하는 분명한 목표를 가진 사람의 격차는 점차 벌어질 수밖에 없다. 시작은 같으나 결과는 엄청나다. 포기하지 말고 끈기 있게 앞으로 나아가자. 세계적인 리더십 권위자인 스티븐 코비는 "사람에게 가장 강한 동기요인은 소망이다. 소망은 계획과 목표라는 엔진을 가질 때 현실이 된다"고 했다. 소망이란 곧 목표다. 당신도 목표라는 엔진을 얻기 바란다. 꿈을 이룬 자신의 모습을 상상하며 힘내자. 분명한 목표의지는 당신의 가치를 더욱 높여 줄 것이다.

확고한 목표의식이 성공을 앞당긴다

모 기업에 근무하는 신은희 차장을 만났다. 그녀는 파란색과 흰색이 조화롭게 매치된 긴 재킷을 입고 있었다. 자신의 짧은 커트와 잘 어울렸다. 당당한 커리어 우먼의 이미지다. 그날 신 차장이 더욱 돋보였던 것은 열쇠 모양의 목걸이 때문이다. 작고 앙증맞은 목걸이가 아닌 크고 대담한 디자인의 열쇠다. 신 차장답다고 생각했다. 신 차장의 목걸이를 보면 그녀의 성공 열쇠가 떠오른다. 그녀가 동기들보다 빠른 승진을 한 비결은 우물쭈물하지 않는 분명한 목표의식과 신속한 결단력이 가장 큰 이유다.

신 차장이 동기들보다 앞서가는 이유는 입사하면서부터 분명한 목표의식을 가지고 자신에게 투자를 계속했다는 점이다. 힘들어도 대학원에서 MBA 과정을 마쳤고 리더가 되기 위한 실무 경험도 두루 쌓았다. 기회가 생길 때는 자신의 성과를 알렸다.

반면에 함께 입사한 동기는 임원이 되고 싶은 꿈만 꾸었고 맡은 일만 열심히 할 뿐이었다. 동기는 자신의 아이디어를 내는 것조차 실패했을 때의 창피함이 두려워 시도조차 해보지 못했다. 승진에 필요한 MBA 과정도 때가 되면 하리라 생각했지만 이런저런 핑계로 시작도 못했다. 신 차장과 그녀의 입사 동기는 시작은 같았으나 몇 년이 지난 지금은 서로 다른 모습으로 일하고 있다. 분명한 목표 의식은 당신의 성공을 앞당긴다

열정력

성공하는 사람의 DNA

만나면 남녀 구별 없이 반짝반짝 빛나는 사람에겐 이것이 있다. 열정이다. 이들에게는 열정으로부터 나오는 카리스마가 넘친다. 특히 관심 있는 분야의 주제가 나오면 눈에서 에너지가 쏟아진다. 이런 이들과 대화하는 일은 즐겁다. 열정은 강력한 긍정 바이러스다. 리더의 열정적인 모습은 함께 일하는 직원에게도 동기유발 효과가 크다. 열정적인 리더는 사람들에게 함께 나누고 싶은 마음을 가지게 한다.

성공의 시작과 지속은 열정력에서 나온다. 쉽게 달아오르기만 하는 사람을 열정적이라고 하지는 않는다. 그들은 양은 냄비와 같아서 금방 뜨거워졌다가 이내 차갑게 식어 버린다. 시작도 쉽고 포기도 빠르다. 열정을 꾸준히 지속할 수 있는 능력을 나는 '열정력'이라 부른다. 우리가 가진 꿈의 크기만큼 열정도 함께 성장한다.

내가 가장 열정적이었을 때는 언제였을까. 밤낮을 꼬박 새워 온통 몰입하는 시간이었다. 이때는 침대에 누워 잠을 청하다가 벌떡 일어났다. 아이디어가 도망가지 못하게 생각을 메모하고서야 다시 잠자리로 향한다. 어떻게 열정력을 가지느냐에 따라 성공 속도 또한 달라진다. 성공은 단숨에 올라갈 수도 있지만 한 발자국씩 올라가다가 어느새 열정력이란 날개를 달고 훨훨 날아갈 수도 있다.

열정을 생각하면 나는 올림픽의 뜨거운 성화가 먼저 떠오른다. 올림픽 개막식의 하이라이트는 성화 점화다. 마지막 한 명의 성화 봉송자가 점화하는 순간 활활 뜨겁게 타오르는 불꽃을 보며 수많은 사람이 올림픽 정신과 올림픽의 성공을 기원한다. 가슴에 뜨거운 열정을 가진 사람은 성공 금메달을 쟁취하기가 훨씬 수월하다. 열정은 두려움과 긴장감도 없애는 마력을 지니고 있다. 보이지 않지만 강력하고 위대한 내면의 힘이다.

열정은 희망의 불꽃이다. 꺼지지 않게 잘 유지해야 한다. 가장 초라한 사람은 열정을 잃어버린 사람이다. 열정은 사람을 지치지 않게 유지시켜 주는 에너지이다. 열정적인 사람은 실패를 두려워하지 않는다. 열정적인 사람은 다른 사람의 의견에 집착하지 않고 원하는 걸 성취하기 위해 행동하는 사람이다.

너무나 유명한 안도현 시인의 〈너에게 묻다〉에서 그는 이렇게 말했다.

연탄재 발로 함부로 차지 마라.
너는
누구에게 한 번이라도 뜨거운 사람이었느냐

이 시를 볼 때마다 나는 작가의 의도가 어떻든 간에 열정을 떠올린다. 나는 과연 한 번이라도 뜨거운 사람이었는지를 돌아보게 된다. 안도현 시인은 또 다른 시 〈연탄 한 장〉에서 이렇게 강조했다.

연탄은,
일단 제 몸에 불이 붙었다 하면
하염없이 뜨거워지는 것

연탄처럼 일단 마음에 불을 붙였다 하면 하염없이 뜨거워지는 심장을 가지자. 《성공에 이르는 놀라운 에너지 열정》의 저자인 제이 싱은 책에서 훨훨 날아다니는 나비가 되기 위해서 여행을 떠난 애벌레를 통하여 열정이 가지는 위대한 힘을 이야기했다. 그 역시 작가가 되고 싶은 간절한 꿈을 가지고 캐나다에서 낯선 한국으로 여행을 왔다. 여행의 결실로 작지만 용감한 애벌레의 삶에 대한 열정을 주제로 우화를 완성했다. 이 또한 작가가 열정으로 꿈을 포기하지 않고 시도한 덕분에 꿈을 이룬 것이다.

당신이 지금 어떤 위치에 있던 원하는 것을 이루기 위해서는 먼저 꿈을 가져라. 그 꿈에 열정을 불어넣어라. 조직에서 리더만 열정이 필요한 것은 아니다. 기업에 열정적인 직원이 많을수록 회사의 자산 가치는 높아진다. 가게를 가도, 병원을 방문했을 때도, 서비스 센터를 찾아가도 열정적인 직원을 만나면 그날 하루는 즐겁다. 열정적인 직원은 성과도 높다. 당신이 리더라면 직원의 잠재력을 이끌어내어 그들이 열정적으로 일할 수 있는 방법부터 찾아라. 이는 조직의 가치를 높이는 지름길이다.

당신에게서 열정이 사라졌다면 이건 비상사태다. 빨리 열정력을 회복해야 한다. 열정은 갈대와 같이 이리저리 흔들려서 안 된다. 늘 그 자리를 지키고 있는 바위처럼 굳건 하라. 열정력을 유지하기 위해 끊임없이 충전시켜야 한다.

열정력은 저절로 얻어지는 것이 아니다. 다행히 누구에게나 공평하다. 주어지는 것이 아니라 열정적으로 살겠다고 선택하면 된다. 어두운 방에 전원 스위치를 켜듯 열정이 이끄는 삶을 살 것인지 아닌지도 당신이 결정한다. 당신이 열정력을 장착한다면 새로운 기회가 달려올 것이다.

결단력

우물쭈물은 이제 그만

　오랜만에 만난 이지민 씨와 점심식사를 함께하기로 했다. 주문을 하는데 그녀는 무엇을 먹겠느냐는 나의 질문에 "아무거나"라고 대답했다. "내가 주문할까?"라는 말에 동의하며 고개를 끄떡인다. 나는 메뉴를 선택했다. 음식 맛을 본 이지민 씨는 만족스럽지 못했는지 계속 툴툴거리며 맛에 대해서 타박을 했다. 식사를 하고 커피를 마시러 카페에 갔다. 커피 주문도 아메리카노로 할까? 카페라테로 할까 고민하던 그녀는 결국 "아무거나"로 결정했다. 서서히 나도 표정 관리가 힘들어진다. 선택을 하든지 아니면 다른 사람에게 맡긴 주문에 대해 토를 달지 말든지. 배우자도 이 사람으로 할까 저 사람과 할까 고민하다가 '아무 사람'으로 결정할 수 있을까.

　이지민 씨처럼 결정하는 데 어려움이 있는 사람이 많다. 이런 사람은 자기주장이 없고 결단력도 없다. 그렇다고 타인이 한 결정에 대해 승복하지도 않는다. 애매모호함, 불확실함이 그 사람의 트레이드마크다. 우리는 살아가면서 하루에도 수많은 결정을 해야 한다. 단순한 것에서 인생을 좌우할 수 있는 중요한 선택까지 다양하다. 신중함과 결단력 부족은 차이가 있다. 신중함은 필요하지만 매 순간마다 선택이 힘들고 망설이는 사람은 우유부단하게 비춰진다. 소심하고 답답한 사람으로 인식되는 것이다.

선택을 하고 결정을 해야 하는 순간에 망설이게 되면 작게는 타인에게 불편함을 주는데 그치지만 크게는 좋은 기회를 놓치거나 엄청난 손해를 볼 수 있다. 결단력도 그냥 만들어지는 것이 아니라 노력하면 향상시킬 수 있다. 결단력이 필요한 경우는 많다. 지나치게 이리저리 재어보고 두드려 보다가 기회는 멀리 도망가 버린다. 최선의 선택이라고 생각하면 결정하라. 그리고 선택한 후에는 미련 없이 결과를 기다리자.

아무런 행동도 하지 않았는데 그저 이루어지는 일은 없다. 내가 운영하던 교육기관에도 몇 년 동안 다닐까 말까 고민하다가 오는 경우가 있다. 물론 아직도 생각 중인 사람도 있다. 교육과정을 이수하고 자격증을 취득해서 취업을 하고 싶은 마음은 굴뚝같다. 문제는 이런저런 걱정이 많고 주변 사람들의 '카더라 통신'에 마음이 갈대처럼 왔다갔다 해서 결정을 못하는 성격이다. 집안에서 생각만 하다가 세월 보내는 것이다.

반면 마음먹은 대로 하고자 하는 사람은 하루라도 빨리 시작한다. 여전히 생각만 하는 사람에게는 아무런 일도 일어나지 않고 걱정만 늘어날 뿐이다. 결정하고 행동하는 사람은 커리어우먼으로 당당하게 자기 삶을 살고 있다. 결단력에 따라 이렇게 차이가 나는 것이다.

리더의 우유부단함은 큰 문제가 된다. 결단력은 리더가 갖추어야할 필수 요소다. 결단력이 부족한 사람이 리더가 되면 그 조직의 미래는 어둡다. 병원에 근무하는 의사가 신속한 결정을 내리지 못하면 환자의 생명을 위태롭게 한다. 한 사람의 중요한 결단이 역사의 흐름을 바꿔 놓는 경우도 많았다. 특히 지도자의 결단력은 나라의 운명을 좌우한다.

결단은 선택이다. 우리는 살아가면서 매 순간 선택을 해야 한다. 선택이 어려운 이유는 어느 쪽이 최고의 결과를 낼 수 있는지 알 수 없기 때문이다. 잘못하면 큰 위기에 빠질 수도 있다. 성공한 사람일수록 결단력이 빠르다. 결단을 미루는 가장 큰 이유는 실패에 대한 두려움 때문이다. 그러나 실패의 가장 큰 이유는 아무런 일도 하지 않았기 때문이다. 자신을 믿고 시작부터 하자. 결단하자. 프랑스의 철학자 르네 데카르트는 결단을 내리지 않는 것이야말로 제일 큰 해악이라고 했다. 게임은 이미 시작되었다. 당신은 어떤 결단을 내릴 것인가. 어서 결정하라. 결정했다면 추진력이란 엔진을 달고 달리자.

원하는 것을 성취하기 위해서 중요한 점은 결단력과 실천력이다. 목표가 정해지면 필요 없는 것들은 정리해야 한다. 소소한 일까지 여전히 함께하려고 하면 당신의 꿈은 주인공을 잘못 찾아왔다는 생각에 멀리 도망가 버린다. 지나치게 다른 사람의 의견에 휘둘리지도 말라. 참고만 해라. 그들은 자신의 말에 책임지지 않는다. 실패를 자주 하는 사람은 결단력이 부족해서 좋은 기회를 놓친다. 꾸준함도 부족해 쉽게 포기해버린다. 그보다 더한 사람은 실패가 두려워 아무것도 시작하지 못하는 사람이다. 기회가 생기면 우물쭈물하지 말고 꽉 잡아라. 완벽한 준비란 없다.

결단력을 기르기 위해서는 용기를 가져야 한다. 어떤 일을 시도하는 데 두려움이 없는 사람이 어디 있겠는가. 성공한 사람들은 믿을 수 없을 정도로 큰 용기를 보인 이들이다. 용기는 어려움도 이겨내고 불가능해 보이는 일도 할 수 있게 만드는 내적인 힘이다. 어려운 상황이 발생하여 다른 사람들이 변명하기에 급급할 때 당당히 나서는 것도 용기다. 실패할 수 있지만 그럼에도 하고자 하는 일을 하는 것 또한 용기이다. 두려움 대신 자신의 가능성을 믿는 굳센 태도다. 당신을 믿어라.

커뮤니케이션 능력

중요한 리더십 역량

잘못된 커뮤니케이션 방식 때문에 사건이 많이 일어난다. 리더의 소통 능력은 매우 중요한 리더십 역량 중 하나다. 특히 최고위급 리더가 일으키는 소통 부재의 일들은 사회적 파장도 크다. 리더가 구성원과의 소통에서 불협화음을 일으킬 경우에 본인이 그동안 쌓아온 커리어에 상처를 입는다. 잘못하다가는 자신이 만든 조직을 회복 불가능의 위기 상황에 빠뜨릴 수도 있다. 커뮤니케이션의 중요성을 잘 알고 있는 리더는 많지만 소통을 잘하는 리더는 드물다.

당연히 여성에게 있어서도 커뮤니케이션 능력은 매우 중요하다. 그런데 여성에게 커뮤니케이션 능력에 아쉬움이 있다는 의견이 있다. 이는 어린 시절부터 의견 충돌이나 자기주장을 피하도록 교육을 받은 때문이란다.

《여성 CEO들의 새로운 성공법칙 10가지》의 저자인 수잔 에이브럼스는 자신의 책에서 직장 여성들의 커뮤니케이션 문제를 두 가지로 말했다. 첫째, 일반적으로 비즈니스 언어가 남성 중심이라는 점이다. 두 번째는 여성이 사회활동을 할 때 공손한 음성을 사용하고 되도록 충돌을 일으키지 않으려는 커뮤니케이션 방법을 사용하는데 이러한 태도는 허약한 이미지를 준다는 것이다. 성공을 원하는 여성이라면 어떻게 소통할 것인지에 대하여 좀 더 깊은 관심을 가짐은 물론 능력을 향상시키는 데 나름의 노력을 해야 한다.

경청하기

위대한 경영학자 피터 드러커Peter Ferdinand Drucker는 "당신이 무슨 말을 했느냐가 중요한 것이 아니라 상대방이 어떤 말을 들었느냐가 중요하다"고 했다. 사람들은 자신을 표현하고 과시하는데 급급해 타인의 생각을 앎으로 인해 얻을 수 있는 많은 것들을 모르고 있다. 유창하게 말을 잘하는 달변가라고 해서 모두 효과적인 커뮤니케이션을 구사한다고 할 수 없다. 말에 중요한 내용은 없고 군더더기만 많다면 아무 소용이 없다.

리더라면 일방적인 지시보다는 상대방의 입장을 이해하고 경청하는 자세가 필요하다. 열린 마음으로 다양한 생각들을 경청하여 부하의 마음을 얻어야 한다. 리더가 얼마나 재미있고 인상 깊게 소통을 하느냐가 중요한 시대다. 다행히 여성은 경청력과 공감능력이 남성에 비하여 좋다고 하는데 그 점을 잘 활용하여 커뮤니케이션 스킬을 높이도록 하자.

경청이 중요하다고 해서 모든 사람의 의견을 무조건적으로 수용할 필요는 없다. 타인의 말을 경청하는 태도는 중요한 능력이지만 무조건적인 경청은 최선이 아니다. 경청에도 나름의 판단 기준이 있어야 한다. 기준을 가지고 듣는 경청능력이 중요하다.

효과적으로 내 의견 전달하기

김순미 대리는 오전에 부서원들 앞에서 상사에게 심한 꾸중을 들었다. 사건의 발단은 강 부장에게 신입사원이 외부교육 잘 다녀오겠다고 인사를 한 후였다. 강 부장은 다짜고짜 그녀의 자리로 와서 신입사원 교육을 왜 지금 보내느냐고 얼굴을 붉히며 화를 내었다. 김순미 대리는 어이가 없었다. 한 달 전에 강 부장이 신입사원을 외부교육에 보낸다는 내용의 기안서에 자필로 사인까지 해놓고서 이해할 수 없는 태도를 보이는 것이다. 김 대리는 강 부장에게 결재서류를 보여 주면서 당신이 사인 하고 허락하지 않았냐고 항의하고 싶었지만 화를 참을 수밖에 없었다. 그의 성격상 더욱 짜증을 낼 것이 분명하기 때문이다.

김순미 대리처럼 자신의 감정을 숨기고 주로 타인의 결정을 따르며, 좋은 게 좋은 것이라고 타협점을 찾는 여성은 행복한 직장생활을 할 수 있을까? 그녀도 원한다면 효과적으로 자기주장을 할 수 있는 방법을 찾을 수 있다. 꾸준히 연습하면 누구나 변화할 수 있다.

직장에서 의사소통이 잘 안 되어 어려움을 겪는 여성이 많다. 여성들은 어릴 때부터 자기자랑이나 충돌을 피하도록 교육받아 왔기 때문에 조직에서 자기 의견을 주장하기가 쉽지가 않다. "여자가 말이야", "고분고분한 맛이 없어. 기가 참 세네", "어디서 끼어 들어" 한 번쯤 들어 봄직한 이러한 표현 때문에 직장에서 여성들의 커뮤니케이션은 어려움이 더욱 커진다. 자기 의견을 적극적으로 표현하는 여성에게 일부 남성은 기가 센 여자로 깎아내린다. 이는 직장 커뮤니케이션이 남성 위주의 언어가 많기 때문이다. 그러나 조용히 있으면 타인이 나의 생각을 알 수가 없다. 자신이 원하는 것을 일관성 있고 분명하게 말할 수 있어야 한다.

중요한 일일수록 적극적으로 자신의 주장을 피력할 수 있어야 한다. 여성이 적극적이면 부정적인 반응을 받게 될 수도 있지만 소극적이면 위로 올라갈 수 없다는 한계가 있다. 리더가 되길 원하면 자기 의견을 적극적으로 주장하며 남성과 대화할 때 사실과 결과에 포인트를 맞추는 대화를 해야 한다.

자기 의견을 회피하는 이유 중 가장 큰 것은 자신감 부족이다. 먼저 자신에 대해 나는 안 될 것이라는 부정적 사고는 버리자. 지나친 두려움을 가질 필요 없다. 사실 당신이 생각하는 최악의 상황은 쉽게 일어나지 않는다. 나의 의견을 주장하기 위해서는 내 권리를 가지겠다는 분명한 의지가 있어야 한다. 우리에게는 그럴 자격이 충분히 있다. 제대로 말을 못하면 감정의 골만 깊어지니 서로에게 득보다 실이 커진다. 자신의 감정이나 기분을 솔직하게 털어놓는 연습을 꾸준히

해야 한다. 의견을 말할 때는 머뭇거리지 말고 상대방이 알아들을 수 있게 분명하게 이야기한다.

처음부터 커뮤니케이션 능력이 탁월한 리더는 많지 않다. 탁월한 연기를 하는 배우도 신인시절에는 어설픈 연기부터 시작했다. 제대로 된 커뮤니케이션 기술을 익히고 좋은 커뮤니케이션 습관을 가진다면 당신의 리더십은 더욱 빛날 것이다.

공간 활용에 관한 비언어적 커뮤니케이션

나는 KTX를 자주 이용한다. 옆 좌석에 남성이 앉으면 은연중에 그들이 나보다 많은 공간을 차지하고 있다는 기분이 들어 종종 불편함을 느낄 때가 있다. 남성은 본능적으로 더욱 많은 공간을 차지할 권한이 있는 것으로 생각한다. 사람들은 무의식적으로 물리적인 공간 안에서 자세나 태도 등을 통해 자신의 영향력을 행사하려 한다. 당신이 활용하고 있는 공간의 크기가 클수록 더욱 자신 있어 보인다. 반면에 작은 공간을 차지하고 움직임이 적을 경우 소극적으로 표현된다.

대부분의 여성이 어릴 적 한두 번쯤 '여성답게', '얌전하게' 행동하라는 부모의 말을 들으며 자랐다. 이렇게 여성은 문화적으로도 다소 곳한 자세를 오랫동안 교육받아 왔다. 그런 탓으로 제스처 하나만 봐도 일반적으로 남성의 제스처가 여성보다 크다.

자신감 있고 파워 있는 사람의 공간 활용범위는 크다. 내가 차지하고 있는 공간이 곧 자신감의 척도로 인식될 수 있다. 당당하고 자신감 있는 사람으로 보여지기 위해서는 자신의 신체 공간을 의도적으로 넓힐 필요가 있다.

신체공간을 넓히라고 해서 꼭 제스처를 크게 하라거나 남의 영역을 침범하라는 말이 아니다. 자신의 의견을 밝힐 때 상대방을 정면으로 바라보며 몸을 똑바로 세우는 것도 하나의 공간 활용이 된다. 반대로 구부정하게 소극적으로 움츠린 자세를 보인다면 그것은 공간 활용을 못하고 있다는 이야기다.

《독해지지 않고 약해지지 않고 여자가 성공하는 법》의 저자인 마리온 크나츠는 책에서 소리의 크기나 얼마나 많은 공간을 확보하는지와 상대방을 차단하는 능력, 이러한 모든 것들이 서열 게임의 권력 투쟁에 속한다고 주장했다. 이러한 것들은 적어도 잠재의식 속에서 상대방에 대한 지배의 표시이며 모두가 그렇다고 인정한다는 사실이다. 마리온 크나츠는 여성들이 토론에 참여할 때에도 테이블 공간을 적게 차지한다고 했는데 나의 경험으로 봐도 사실인 것 같다. 여자라고 해서 무조건 다소곳하거나 움츠러드는 자세를 취할 까닭이 전혀 없다. 제스처 하나를 하더라로 좀 더 넓은 공간을 확보하고 당당하게 행동하라.

여성 리더의 목소리와 발음

30대 후반의 공무원인 이민경 씨에게는 고민이 하나 있다. 이유인
즉 민원인들이 업무 상담을 하러 와서 자신을 무시하는 경우가 적지
않기 때문이다. 자신이 팀장이라고 이야기를 해도 못 미더워하며 다
른 책임자를 찾는 경우가 많다. 왜 그런가? 이유는 그녀의 목소리가
작고 말끝을 흐리는 습관이 있기 때문이다. 말하는 사람의 목소리나
높낮이에 따라 이미지가 달라질 수 있다. 작은 소리로 이야기 하면
자신감이 부족해 보이고 말한 내용에 확신이 없어 보인다. 문장 끝을
정확하게 발음하지 않으면 말의 내용에 신뢰감도 줄어든다. 이민경
씨의 이러한 언어습관과 작은 목소리에 사람들은 그녀가 팀장인데도
불구하고 그녀의 말에 믿음을 갖지 못하는 것이다.

평소에 힘없는 작은 목소리로 말하는 습관은 자신의 의견을 분명
하게 표현하는 데 방해요인이 된다. 평소에 "한번 더 말해 주시겠어
요"라는 요청을 자주 듣는다면 목소리를 키울 필요가 있다. 목소리는
대화하는 동안 또박또박 힘을 유지해야 한다. 상황에 따라 목소리 높
낮이를 조절할 수 있는 것은 자신의 언어 능력에 큰 힘이 된다.

발음이 정확하지 않고 입 안에서만 웅얼거리는 목소리 또한 고쳐
야 할 언어습관이다. 이런 말투를 가지게 되면 상대방이 자꾸만 "네?"
"뭐라고 하셨나요?"라고 되묻게 되는 상황이 되고 점점 자신감을 잃
게 된다. 발음을 명확하게 하면 상대방에게 똑똑한 이미지를 준다. 발
음을 개선할 수 있는 방법은 낭독연습이 도움이 된다. 녹음된 당신의

목소리를 들어 보고 연습을 해보라.

감정이 절제된 말을 하자

평생교육원의 부원장으로 근무 중인 김여정 씨는 평소에 따뜻한 카리스마와 다정다감한 성격으로 수강생에게 편안한 이미지를 준다. 그녀의 치명적인 단점은 수업 중에 자신의 사적인 이야기를 지나칠 정도로 많이 한다는 것이다. 개인적인 관심사에서 가족 이야기, 자식 자랑으로 넘어가기 시작하면 교육생들은 '또 시작이군' 하는 지루한 표정을 짓는다. 그녀는 자신의 이야기에 몰두한 나머지 강의장 분위기를 읽지 못했다. 결국 그녀는 일부 교육생의 항의로 자존심에 상처를 입었다.

여성이 리더가 되기 위해 개선해야 할 것으로 필요 없는 이야기를 많이 하지 말아야 한다는 점이다. 당신이 하는 이야기가 수다가 되어서는 안 된다. 필요 없는 말을 많이 하지 말자. 실제로 교육 진행을 해 보면 자기소개를 하거나 질문을 받았을 때 남성보다 여성이 훨씬 많은 단어를 사용한다. 심지어 주제와 관계가 없는 이야기로 시간을 초과하는 경우가 종종 있다. 어떤 말을 할 것인지 생각을 정리하지 않으면 횡설수설이 된다. 무슨 내용으로 할 것인지 말의 요점을 정리하여 전달하는 연습이 필요하다. 대화를 혼자 독점해 버리면 상대방은 흥미를 잃어버린다.

사적인 이야기를 하는 것이 잘못된 것은 아니다. 다만 필요하지 않은 개인적인 이야기를 많이 하면 곤란하다. 개인적인 이야기뿐만 아니라 아무리 좋은 내용이라도 요점 없이 장황하게 일방적으로 말하게 되면 사람들의 표정은 찌푸려진다. 뜨거운 햇볕이 따가운 날 교장 선생님의 '에', '마지막'으로가 계속 이어지는 훈시에 질려버린 경험이 누구에게나 있을 것이다. 당신의 개인적인 이야기를 전혀 하지 말라는 것은 아니다. 적당한 자기 노출은 당신의 인간적인 면을 보여줄 수 있다.

회복탄력성

역경을 디딤돌로

김진수 씨와 한동민 씨는 서로의 마음을 누구보다 잘 이해하는 입사 동기다. 이들은 경쟁자 관계이기도 하다. 두 명 다 임원을 꿈꾼다. 데이트 시간도 반납하며 휴일 근무도 마다하지 않고 열심히 일했다. 어느 날 회사에서 중요한 부서별 프레젠테이션이 있었다. 김진수 씨와 한동민 씨는 정보를 공유하며 열심히 자료를 만들고 리허설도 여러 번 한 뒤에 발표했다. 승진 대상자인 이들은 이번 프로젝트에 최선을 다한 만큼 내심 기대를 했으나 결과는 참담했다. 누구보다 열정적이었던 이들은 예기치 못한 결과에 좌절했다. 김진수 씨는 그럼에도 불구하고 오뚝이처럼 벌떡 일어나 자신의 실패 요인을 분석하며 새로운 기회를 기다린다. 그와 달리 한동민 씨는 자괴감에 빠져 아직도 우울함에서 벗어나지 못하고 있다.

김진수 씨와 한동민 씨처럼 실패는 누구나 할 수 있다. 그러나 성공한 사람과 실패하는 사람에게는 다 이유가 있다. 이는 회복탄력성의 차이다. 김진수 씨는 회복탄력성이 높은 사람이고 한동민 씨는 낮은 경우이다. 성공한 사람 중에서 탄탄대로만 달린 사람이 얼마나 되겠는가. 어떤 일을 시도하다가 시련을 만나면 쉽게 포기하는 사람이 있는가 하면 반대로 실패나 어려움 뒤의 좌절을 극복하고 큰 성공을 거두는 사람이 있다.

회복탄력성resilience은 인생에서 실패나 역경을 겪은 뒤에 그것을 극복하고 다시 일어서는 힘을 말한다. 세계에서 가장 검소한 대통령이자 우루과이의 존경받는 대통령이었던 호세 무히카는 진짜 패배자는 싸우기와 꿈꾸기와 사랑하기를 포기하는 사람이라고 했다. 천 번을 넘어질 수 있으나 그보다 중요한 것은 용기를 내어 다시 시작하는 것이라는 호세 무히카의 말은 이웃집 할아버지 같은 그의 푸근한 미소와 함께 사람들에게 널리 회자되고 있다.

《회복탄력성》의 저자인 김주환 교수는 세상에는 두 종류의 사람이 있다고 한다. 고난이나 역경 때문에 주저앉아서 포기하는 사람이 있고 도리어 그것을 디딤돌로 해서 더욱 도약하는 사람이 있다는 것이다. 시련이나 역경이라고 해서 꼭 큰 것을 말하는 것은 아니다. 사소한 것, 일상에서 겪게 되는 짜증스러운 일도 역경이라면 역경이다. 그런 것을 어떻게 해석하고 받아들이냐에 따라 큰 차이가 난다.

회복탄력성은 마음 근육이라고 할 수 있다. 당연히 몸의 근육처럼 꾸준히 노력하면 늘어난다. 회복탄력성이 높은 사람은 쉽게 자신의 자아 이미지에 상처를 받지 않는다. 이들이 실패를 경험하지 않아서가 아니라 힘든 일이 생겨도 이 또한 지나 갈 것이라는 긍정적인 마음으로 역경을 디딤돌로 삼기 때문이다.

실패와 역경을 포기하는 사람보다 어려움을 극복하고 이겨내는 사람이 한층 강해지는 것은 당연한 일이다. 데일 카네기는 "좌절은 기회다"라고 했다. 나를 너무 힘들게 했던 어려움이 오히려 전화위복轉禍爲福이 될 수 있다. 몸 근육, 마음 근육도 함께 키우는 일상이 되자.

자기 주도적인 삶

자기 인생에 책임을 지자

자신의 의견을 관철하기 위해서 다른 사람을 끌어들이려 하는 사람이 있다. 회사에서 사표를 낼 때 퇴사 이유로 "남편이 그만두래요"와 같은 말을 하는 여성을 볼 수 있다. 경력관리에 좋은 기회가 생겨도 남편이 싫어해서 거절하는 사례까지 있어 안타깝다. 남편이 싫다고 하는 이유는 대부분 가정생활이 불편해지기 때문이다.

비슷한 일로 미혼 여성의 경우 "엄마가 하지 말래요"라는 말을 하는 경우도 있다. 물론 어떤 일을 결정할 때 배우자나 부모와 의논하는 것은 좋다. 그러나 최종 결정은 자신의 몫이다. 자신이 이 일을 계속 할 것인가 말 것인가를 정하는데 본인의 생각보다는 누구 때문에, 누가 하지 말라고 같은 이유는 답답하다. 당당하게 자신의 신념에 따라 자신의 삶을 살아가는 주도적인 자세가 중요하다. 자기의 인생은 누가 뭐래도 자신의 책임이기 때문이다.

강한 여성 영웅의 탄생을 기대하며

어린 시절 백설 공주, 잠자는 숲 속의 미녀, 신데렐라의 이야기에 푹 빠진 적이 있다. 그 스토리에 등장하는 왕자가 너무나 멋져 보였다. 잘생긴 데다가 능력 있고 착하기까지 하다. 그런데 그런 동화의 여주인공은 자신의 문제를 주도적으로 해결하지 못하고 왕자님의 도움으로 멋진 결과를 얻고 오랫동안 행복하게 사는 해피엔딩으로 끝을 낸다. 어린 마음에도 나는 왜 여주인공이 자신의 문제를 스스로 해결하지 못하고 왕자님이 나타나야 모든 어려움이 해결되는지 의아했다.

이와 관련하여 미국의 심리학자인 모린 머독Maureen Murdock은 그의 저서《여성 영웅의 탄생》에서 낭만적인 사랑의 신화는 여성이 자신의 어려움을 아버지, 연인이나 구원자를 찾는 모습으로 그려진다고 했다. 여성은 이들이 자신의 문제를 해결해 줄 것이라고 생각한다는 것이다. 이러한 여자는 "이상형의 남자를 만난다면 행복해질 거야.""제대로 된 상사를 만난다면 승진을 빨리 할 텐데."라는 생각을 가지게 되며 여성들은 기다리는 사람으로 길들여진다고 한다.

저자는 이어서 여성 영웅은 이럴 때 스스로 결정을 내리고 자율성을 얻어야 한다고 주장한다. 즉 여성 자신의 성취가 남성의 손에 달려 있다는 잘못된 믿음에서 탈출할 때 진실로 낭만적인 사랑을 할 수 있는 동등한 동반자를 찾을 수 있다고 했다. 앞으로 동화책에서도 의존적인 여주인공보다는 독립적이고 당당한 여성 스토리가 많이 나타나길 기대한다.

'소서노'라는 이름을 들어봤는가? 우리에게는 소서노라는 고대사 최고의 여걸이 있다. 소서노는 동명성왕을 도와서 고구려를 건국하고 후에는 온조와 비류 두 아들을 데리고 남쪽으로 내려가 백제를 건국한 여성 영웅이다. 한나라도 아니고 나라를 두 개나 건국했던 최고의 영웅이 소서노다. 단재 신채호는 《조선상고사》에서 소서노는 우리나라 역사에서 유일한 창업 여대왕일 뿐 아니라 고구려와 백제 두 나라를 세운 사람이라고 칭송했다.

나는 소서노와 같이 위대한 여성 영웅의 등장을 기대한다. 여성 스스로 누군가에 의존하지 말고 스스로 결정을 내리고 문제 해결을 할 수 있는 강한 여성이 많이 나타나길 희망한다. 백마 탄 왕자님 따위는 없다는 걸 이제 다 알고 있지 않은가.

실행력

성취는 행동으로 이뤄진다

책 쓰기가 꿈인 사람을 종종 만나게 된다. 두 권의 책을 낸 나에게 사람들은 어떻게 하면 책을 쓸 수 있느냐고 물어본다. 저자가 되고 싶은 사람의 간절한 마음을 알기에 성의껏 대답해준다. 그들 중에는 책을 쓸 만한 커리어와 능력을 가진 사람도 있다. 이런 사람에게는 좀 더 구체적인 정보를 준다. 목차 만들기, 출간 계획서 쓰는 방법, 참고할 도서까지 자세하게 알려준다. 다음에 만났을 때 어떻게 진행되었느냐고 물어보면 아직 시작도 하지 않은 경우가 대부분이다. 책을 쓰고 싶은 마음은 여전하나 그 이후에도 감감무소식인 경우가 많다. 사람들은 생각과 이유가 너무 많다. 자신의 이름으로 책을 출간하고 싶은 마음은 있으나 당장은 할 일이 많고 귀찮기 때문이다. 내일부터 하자라는 생각은 계속 미루어진다. 그 내일이 몇 년째 이어진다.

새해가 되면 비장한 결심을 하는 사람들이 부쩍 늘어난다. 금연, 다이어트, 자기계발을 결심하지만 대부분 작심삼일이다. 좋은 강의를 듣기 위해 많은 시간을 투자하고 열심히 책을 읽는 사람은 많지만 여전히 평범한 삶을 살고 있다. 이유는 듣고 읽기만 열심히 했을 뿐 실천하지 않았기 때문이다.

많은 성과를 내는 사람은 실행력과 추진력이 뛰어나다는 공통점을 가지고 있다. 결심만 하고 실천하지 못하는 사람은 의지가 약하다, 핑계가 많다고 할 수 있으나 분명한 것은 실행력이 약하다는 사실이다. 세상에는 성공하는 사람, 그럭저럭 사는 사람, 실패하는 사람이 있다. 성공하고 실패하는 데는 여러 가지 이유가 있겠지만 가장 중요한 것이 실행력이다. 시도해 보지 않으면 어떤 일도 일어나지 않는다. 혹시 실수가 두려워 시작하지 않는가. 너무 완벽하려고 하지 말라. 일단 실행에 옮겨보라. 설령 실패를 하더라도 절망할 필요는 없다. 이겨내면서 다시 시작하는 자세가 중요하다. 그러노라면 성공에 다다르게 된다.

나중에 해야지라는 생각은 부도수표와 같다. 잠깐의 편안함을 위해 소중한 시간을 야금야금 갉아먹지 말라. 책을 쓰려면 일단 책상에 앉아 글을 한 줄씩 써 내려가는 일이 중요하다. 내가 생각만 하고 글쓰기를 실행에 옮기지 않았다면 책을 낼 수 없었을 것이다. 이 책을 쓸 때도 마찬가지다. 글 솜씨가 좋고 나쁘고를 떠나 그냥 쓰는 것이다. 그러다보면 슬슬 필력이 향상되고 드디어 탈고에 이르게 된다. 처음부터 완벽하게 하려고 했다면 아직 시작도 못했을 것이다.

내가 처음 블로그를 시작했을 때도 마찬가지였다. 힘든 줄 알지만 그냥 시작했다. 처음 방문객 수는 하루 몇 명에 지나지 않았다. 실망스러웠지만 포기하지 않고 꾸준히 글을 썼다. 그러자 방문객이 늘어나고 지금까지 71만 명에 이르는 사람들이 나의 블로그를 찾아주었다. 책을 출판하게 된 기회도 블로그에 올린 글이 시작이었다. 실패를 두려워하고 실행하지 않았다면 이런 결과는 있을 수 없다. 세상의 위대한 성공은 모두 시작했기 때문에 이룬 것이다. 해야 할 일과 하고 싶은 일이 있으면 지금 당장 시작하라.

실행력의 여왕 제인 구달

1934년 런던에서 한 여자아기가 태어났다. 이 아이는 아버지가 첫 생일 선물로 사다준 침팬지 인형에 푹 빠지게 된다. 이를 계기로 어릴 때부터 아프리카에 가서 동물들과 함께 살며 책을 쓰겠다는 꿈을 꾸었다. 그녀는 어려운 형편 때문에 대학에 다닐 수 없었다. 제인 구달은 비서로 일하며 틈틈이 공부하여 관련 정보를 익힌다. 아프리카로 가는 여비를 마련하기 위해서 휴양지인 본머스에서 아르바이트를 하며 돈을 모았다. 결국 그녀는 아프리카로 떠난다.

침팬지 연구를 하러 왔다는 23세의 젊은 영국 여성에게 현지 사람들은 기껏해야 몇 주 정도 버티면 다행이라고 예상했다. 그녀가 처음 침팬지 연구를 시작할 때도 사람들은 비웃었다. 대학에 다니지도 않은 여성이 무엇을 연구하겠느냐는 것이 이유였다. 그녀는 침팬지도 인간처럼 도구를 사용할 줄 안다는 것과 육식까지 한다는 사실을 밝혀내어 세상을 깜짝 놀라게 했다. 사람들의 부정적인 시선에 아랑곳

하지 않고 자신이 좋아하는 일에 도전하여 열정을 쏟은 결과 학사학 위도 없던 그녀에게 영국 케임브리지 대학이 동물행동학 박사학위 를 수여했다. 오십 년 가까이 아프리카의 숲에서 침팬지와 생활했던 제인 구달은 침팬지와 가까이 지내면서 동물행동학 분야에서 이렇게 위대한 업적을 남겼다.

사실 침팬지에 대하여 관심을 갖는다 하더라도 대부분의 경우 생 각에 그치고 만다. 아니면 동물원에서 침팬지를 관찰하는 정도에 그 칠지 모른다. 그런데 젊은 여성의 몸으로 자신이 관심 있는 분야를 연 구하기 위해 아프리카까지 갔다. 최고의 실행력이다.

그녀의 시도는 여기서 그치는 것이 아니다. 1991년부터는 환경을 보호하는 일에 헌신하고 있다. 제인 구달은 학자에서 저술가, 강연자, 환경운동가로 끊임없이 변신을 거듭하며 세상에 이로움을 전파하고 있다. 그녀는 여전히 왕성하게 활동하고 있다. 열정적인 제인 구달 박 사의 인생에는 이처럼 실행력이 늘 함께하고 있다.

사람들은 말한다. "더 많이 배워서 학력이 높았으면 지금 보다 더 잘 나갔을 텐데", "외국어를 잘했으면 더욱 많은 기회가 생겼을 텐데" 라고 말이다. 왜 "했더라면"이라고 말하는가? 그 말은 곧 실행에 옮기 지 못한 것에 대한 후회의 표현이다. 즉, 실행하지 못했다는 이야기 다. 만약 당신에게 꿈이 있다면 꿈에 그치지 말고 구달 박사처럼 실 행으로 옮기는 일부터 해야 한다. 꿈을 이루는 것은 꿈 자체가 아니 라 실행이니까 말이다.

학습력

공부하는 독한 여성이 되자

우리나라 정신과 분야의 선구자인 이시형 박사의 베스트셀러《공부하는 독종이 살아남는다》가 있다. 나는 그 표현이 참 좋다. 이는 성공하는 여성에게도 그대로 적용된다. 우리 주위에서 성공한 여성들을 잘 살펴보라. 그들은 어떤 형태로든 공부에 미친 사람들이며 동시에 '독종'들이다. 독종이라면 부정적인 이미지를 떠올리기 쉬운데 그게 아니다. 여기서 독종이란 생각한 것을 그대로 실행하는 사람이요, 지독하게 몰입하여 목표를 이루는 사람을 말한다. 한마디로 독하게 공부한다는 말이다. 위에서 예를 든 구달 박사도 그렇지 않던가.

리더로서의 자격을 갖추기 위해서는 꾸준한 학습력이 뒷받침되어야 한다. 성공한 여성은 끊임없는 배움으로 자신의 운명을 개척한 경우가 많다. 바쁜 직장인이 시간을 내고 돈을 들여가며 무언가 배우는 이유는 무엇일까. 지적인 호기심을 충족시키고자 하는 이도 있겠으나 대부분은 지금보다 더 나은 인생을 살고 싶은 마음이 있기 때문이다. 돈을 더 벌고 싶거나 회사에서 남보다 앞서기 위해 공부할 것이다.

간접적인 경험도 훌륭한 교육이다. 위인이나 성공한 사람들의 삶과 커리어에 관한 책을 읽어보라. 그들도 당신과 같은 고민을 했고 어려운 상황도 겪었다. 그들이 어떻게 어려움을 극복하고 성공에 이를 수 있었는지 귀기울여보자. 당신이 심각하게 고민하는 문제를 해결할 수 있는 실마리를 찾을 수 있다.

지식생태학자로 유명한 유영만 교수는 《공부는 망치다》에서 공부를 계속해야 하는 중요한 이유 중의 하나로 어제와는 다른 생각을 하기 위해서라고 했다. 사람은 미래의 상황이 계속 바뀌는데도 타성에서 벗어나기가 어렵다. 저자는 끊임없이 공부를 해야 하는 이유로 상식이 만들어가는 고정관념, 선입견, 편견, 타성에 대해서 의문을 던지기 위함이라고 했다. 공부가 습관적으로 생각하게 되는 '습관의 적'을 물리치는 과정이라는 그의 말은 매력적이다.

평생학습으로 미래에 대한 투자는 계속되어야 한다. 학습력이 당신의 커리어 생존율을 높인다. 교육에 대한 투자는 큰 이익이 되어 돌아온다. 현재에 머물지 말고 지속적으로 능력을 향상시켜라. 누구에게나 하루에 24시간이 공평하게 주어지지만 그 시간을 어떻게 활용하느냐에 따라 달콤한 미래가 될지 그저 그런 인생이 될지 결정된다. 결국 당신의 선택에 달렸다.

배움에는 끝이 있을 수 없다. 더구나 지금은 세상의 변화가 상상을 뛰어넘는 시대다. 지금 알고 있는 지식이 1~2년만 지나도 옛것이 되는 시대다. 이런 상황에서 학습을 게을리 한다면 당연히 경쟁에서 밀린다. 특히 제4차 산업혁명의 시대가 도래함으로써 한 분야의 지식만으로 세상을 선도할 수 없다. 융합의 시대에는 배움을 통하여 지식의 융합을 꾀하지 않으면 안 된다.

영국의 철학자 프랜시스 베이컨Francis Bacon은 "지식은 곧 힘이다"라고 했고 고대 그리스의 철학자 아리스토텔레스Aristoteles는 "교육은 노후를 위한 최고의 양식이다"라고 했다. 힘을 가지기 위해서 풍요로운 노후를 위해서도 끊임없이 배우자.

체력

최후의 성패는 체력에서

출근길에 갑자기 눈이 내린다. 이 지역에서는 첫눈임에 분명한데 아쉽다. 흰 눈이 소담스럽게 내리다가 어느 사이 눈비 형태로 바뀐다. 눈인지 비인지 구분이 되지 않는다. 그나마 금방 그쳐 버렸다. 날씨는 언제 그랬느냐는 듯 시침 뚝 떼고 찌푸린 얼굴을 하고 있다. 그러다가 이내 햇살이 반짝반짝 빛난다. 오늘 날씨는 도저히 가름할 수가 없다.

일관성 없는 다양한 표정의 오늘 날씨처럼 몇 년 전 나의 체력이 그랬다. 논문쓰기와 일을 함께 병행하며 무리한 결과 몸에 빨간 경고등이 켜졌다. 면역력이 떨어져 약도 주사도 효과가 없는 알레르기 때문에 고생이 심했다. 체력도 급격히 떨어져 병원을 찾는 일이 잦았다. 몸과 마음을 혹사하여 몸이 내게 너무 힘들다고 백기를 든 것이다.

한밤에 예고 없이 불쑥 찾아오는 알레르기 증상으로 인해 고통 없이 잠을 잘 수 있을지도 장담할 수 없는 불안한 나날이었다. 병원을 가도 효과가 없고 몸은 너무 힘들다고 아우성이고 우울함까지 함께했다. 그야말로 점점 지쳐가고 죽을 맛이었다. 결국 나는 한 번도 가본 적 없는 헬스클럽을 찾게 되었다. 체성분 분석을 체크하니 근력은 거의 없고 요즘 세상에 영양실조에 가까운 결과로 총체적인 부실이었다. 결론은 잘 먹고 꾸준히 운동하며 근력을 키워야 한다는 것이다. 체력을 길러야 했다. 무엇을 하든 체력이 있어야 가능한 것이다.

운동과 친해질 것

바빠서 못한다는 것은 그만큼 절실함이 부족하기 때문이다. 힘들게 고생해 보니 몸의 건강이 우선이 되었다. 트레이너로부터 일대일 트레이닝을 받았다. 정말 바쁜 와중에 최선을 다해 열심히 운동했다. 트레이너는 힘들어서 더 이상 못하겠다고 느낄 때 조금씩 더 요구했다. 신기한 것은 힘들지만 온 힘을 쥐어 짜내면 가능한 수준, 딱 그만큼 운동을 시킨다는 점이다.

주말에는 가능한 산에 가려고 노력했다. 내 사정을 모르는 사람은 팔자 좋게 주말에 여기저기 놀러 다니는 줄 알고 부러워하는 이도 있었다. 한 달을 꾀부리지 않고 열심히 했더니 신기하게도 몸에 근육이 생기고 체력도 좋아졌다. 두 달이 되어 가니 내게 언제 알레르기가 있었나? 할 만큼 좋아졌다. 지금은 여름의 알레르기 고통이 까마득한 옛일로 여겨질 정도로 컨디션이 나아졌다.

문제는 살 만하니 게으름이라는 치명적인 놈이 슬슬 나를 유혹하기 시작하는 것이다. '오늘은 날씨가 추우니 하루 쉬자. 날마다 운동하는데 하루 안한다고 별 차이 나겠니?', '오늘은 너무 피곤한 날이니

무리하지 말자, 내일 열심히 하면 되지 뭐' 이렇게 게으른 악마의 달콤함에 이런저런 이유로 하루 이틀 운동을 미루다보니 며칠이 후다닥 달아나 버렸다. 안 되겠다 싶어 게으름에게 이별을 고하고 다시 찾은 헬스클럽, 며칠만인데도 낯설다. 습관이란 건 참 무섭다. 건강, 체력은 내가 하고 싶은 것을 하기 위한 가장 기본적인 필수품이다. 체력, 방심하다가는 언제 또 나에게 경고장을 날릴지 알 수 없다. 일시적인 체력 회복에 방심하지 말고 꾸준히 건강을 유지할 수 있는 좋은 운동습관과 친하게 지내자. 체력이 있어야 공부도 일에서도 성공할 수 있다.

내가 만나는 여성 리더들은 거의 모두가 바쁘다. 함께 세미나라도 하려고 하면 일정 조율하기가 만만치 않다. 그만큼 현대를 살아가는 여성의 삶이 팍팍하고 바쁘다는 걸 느끼게 된다. 많은 여성이 일과 가정을 병행하느라 정신적으로 신체적으로 지쳐 있다. 어느 순간 에너지도 고갈되는 느낌, 우울한 감정, 사람을 만날 때 스스로 날카로워졌다는 느낌을 가질 때 당신은 스스로를 돌아봐야 한다.

건강이 나빠지면 예민해지고 아무리 능력이 있어도 체력 때문에 능력을 발휘하기 힘들어진다. 힘겹게 병원 침상에 누워 있는 사람과 건강한 체력으로 에너지 넘치게 일하는 사람의 성과는 다를 수밖에 없다. 1년 365일 다이어트 중인 여성도 있다. 제대로 못 먹고 다이어트 약의 부작용 때문에 항상 컨디션이 나쁜 사람이 일에서 능률을 올리기는 어렵다.

운동을 시작했을 때 내 몸은 경직되어 있었고 불안정했으며 편안하지 않았다. 나는 점차 몸을 단련시키는 경험을 통해 신체에 대한 새로운 시각을 가지게 되었다. 당신이 시간이 없어서 무엇인가를 할 수 없는 것들이 점점 많아진다면 지금 너무 많은 일을 하고 있는 것이다.

먼 길을 성공적으로 가기 위해서는 반드시 건강을 챙기며 에너지를 충전하는 시간을 가져라. 남에게 보이기 위한 것이 아닌 자신의 행복과 경쟁력을 위해서 운동을 하라. 운동을 하면 스트레스 해소에도 도움이 되고 활력이 넘치며 기분도 좋아진다. 무엇보다 강해진 체력에 자신감이 상승한다. 목표를 향해 열심히 달리다가 건강이라는 걸림돌에 걸려 넘어지게 된다면 얼마나 억울하겠는가. 스위스의 철학자 앙리 아미엘Henri Amiel, 1821~1881은 건강은 모든 자유 가운데서도 첫 번째라고 했다. 더 큰 자유를 가지기 위해 운동하자.

일과 가정의 균형

균형없이 성공없다

남자에 비해 여자는 일과 가정 양쪽에서 시소를 타고 잦은 갈등에 빠진다. 남성은 일과 육아의 선택에서 심각하게 고민에 빠지지 않지만 현대를 살아가는 수많은 여성이 일과 육아라는 선택의 갈림길에서 고민한다. 나아지고 있다고는 하나 아직까지 우리나라는 결혼한 남성의 가사 참여도가 적다. 맞벌이를 하더라도 여성의 가사 노동 참여 시간이 훨씬 더 많기 때문에 직장과 가사노동에서 오는 부담으로 인한 이중고를 안고 있다.

우리나라 기혼 여성 중에서 일부는 직업 여성의 길을 택하고 일부분은 전업주부의 길을 선택한다. 직업 여성은 돈을 벌 수 있고 사회에서 경력을 쌓을 수 있다. 전업주부는 자녀와 보낼 수 있는 시간이 많으므로 아이가 자라는 모습을 곁에서 지켜볼 수 있다. 자신의 선택에 만족하는 여성도 있고 서로의 다른 점을 부러워하는 여성도 있다. 우리가 어떤 선택을 하느냐에 따라 삶도 달라진다. 완벽한 삶이란 없다. 단지 좀 더 좋아 보일 뿐이다.

나의 큰 아들은 2.65kg의 작은 몸무게로 태어났고 출산 후 집에 아이를 데려오자마자 하룻밤을 못 넘기고 다시 입원시켜야 했다. 장염으로 며칠 고생하다 몸무게가 2.55kg로 떨어졌을 때 나는 이 조그만 생명이 어떻게 될까 봐 눈물로 밤을 지새웠다. 그런 아이를 두고 과연 직장생활을 계속할 것인가 아니면 전업주부의 길을 갈 것인가 고민했다.

아이도 잘 키우고 싶었고 일도 잘 하고 싶었다. 어린아이와 함께 하는 행복한 시간을 뒤로 하고 직장생활을 하기로 결심했을 때 물론 마음이 편치 않았다. 아마도 결혼하여 아이를 두고 있는 여성들이 모두 겪는 갈등이요 고민일 것이다.

그럼에도 내가 지금까지 직장생활을 하면서 경력을 쌓으며 일을 할 수 있었던 것은 남편의 도움이 컸기 때문이다. 함께 맞벌이를 하면서 남편은 일주일에 하루 일요일을 내가 쉴 수 있게 가사와 육아를 도와주었다. 그 당시 남편은 내게 서비스한다고 했다. 나는 맞벌이를 하는데 일주일에 하루 쉬게 하는 것은 서비스가 아니라 당연한 것이라고 말했다. 이렇게 일주일에 한 번 '서비스' 하던 남편의 가사분담이 세월이 지나면서 슬슬 분담비율이 늘어났고 그 바람에 나는 좀 더 수월하게 나의 일에 매진할 수 있었다.

가족의 지원을 이끌어낼 것

내가 커리어를 지속시킬 수 있었던 것에는 무엇보다 가족의 도움이 컸다. 남편이 가사분담을 하지 않으려 한다면 속상해 하며 포기할 것이 아니라 상황을 설명하고 설득하고 요청하고 요구해야 한다.

아직까지도 우리나라에서는 여성이 직업을 갖는다는 것이 여러모로 어렵지만 일을 하고 싶다면 일을 하는 것이 옳다. 일하고 싶은데 아이 양육에 대한 책임감 때문에 전업주부의 길을 택한다면 그건 불행한 일이다. 심지어 아이에게조차 '내가 누구 때문에 집에서 이렇게 썩고 있는데'라는 마음이 남아 부정적인 영향을 끼칠 수 있다.

우리나라에서 여성이 일을 하려면 배우자와 자녀, 가족과 같은 주변의 영향력이 크다. 이는 여성이 일과 가정생활을 함께할 수 있도록 사회적 시스템이 잘 갖추어져 있지 않기 때문이다. 가족의 도움 없이 혼자서 모든 것을 해내기는 힘겹다. 가족의 이해를 구하고 가사 일을 함께 분담하여 일과 가정의 균형을 유지해야 한다.

일과 가정의 균형을 유지하려면 어쩔 수없이 가족들의 지원을 이끌어내야 한다. 혼자서 모든 것을 다 할 수는 없는 것이다. 또한 가족들의 지원이 있고 없고를 떠나 스스로 일과 가정의 균형을 유지하려고 애쓰고 있는지 돌아봐야 한다.

직장에서의 성공을 위하여 가정을 희생하는 여성이라면 과연 그 성공이 어디까지 계속될 것인가. 뿐만 아니라 그런 성공이 과연 성공이라 할 수 있는지 점검해볼 필요가 있다.

한계가 있는 것이 인간이다. "십 리도 못 가서 발병난다"는 옛 말이 있다. 할 수 있는 것 이상으로 욕심내지 말자. 할 일의 리스트를 작성하고 우선순위에 따라 처리하고 못하는 것에 속상해 하지 말자. 모든 일을 혼자서 처리해야 한다는 마음부터 버리자. 내가 할 수 있는 만큼만 최선을 다하자. 가사 일을 혼자 해야 된다는 생각은 자녀에게도 도움이 되지 않는다. 자녀가 성인이 되었을 때도 항상 누군가 뒷바라지를 해줘야 하는 상황이라면 곤란하다. 몸만 어른인 사람을 만드는 꼴이 된다. 배우자나 자녀에게 모든 것을 다해준다고 해도 알아주지 않는다. 심지어 아내니까, 엄마니까 당연하다고 생각할 수 있다. 혼자 힘들다고 투덜대며 잔소리 할 것이 아니라 가족이 함께 모이는 자리에서 이야기하고 함께 참여하게 하라.

성공과 행복은 비례하지 않는다

행복의 사전적인 의미는 1.복된 좋은 운수 2.생활에서 충분한 만족과 기쁨을 느끼어 흐뭇함. 또는 그러한 상태의 두 가지 뜻으로 해석된다. 나의 개인적인 생각은 행복이란 생활에서 충분한 만족과 기쁨을 느끼어 흐뭇함 또는 그러한 상태에 더 가깝다고 여겨진다. 한국인의 행복지수가 낮은 이유가 무엇일까? 사람마다 원하는 것이 제각각 다르다. 당신이 내리는 행복의 정의는 무엇인가? 먼저 행복이 무엇인지 알아보자.

'연예인 @@@, 대기업 사장 아들과 열애설… '현대판 신데렐라'에 팬들 '두근''이는 우리가 흔히 접하는 신문의 가십거리 제목이다. 마치 부잣집에 시집가면 그녀의 인생이 역전이라도 되는 양 다룬 기사 내용이다. 자신과 상관없는 연예인의 열애설에 팬들 마음이 왜 두근거릴까? 그 연예인이 평범한 남성과 결혼했어도 그럴까. 그녀에게는 예쁜 것 외의 장점은 없는 것일까? 재벌 며느리가 되는 것과 그 집에서 일상적인 하루를 살아가는 것은 다르다. 모든 초점은 재벌과의 결혼에 맞춘다. 그 화려함의 순간에만 집중한다. 그녀는 재벌 며느리의 환경에 잘 적응하여 행복하게 살 수도 있고, 겉만 화려하지 속사정은 불행할 수도 있다.

우리에게 돈은 매우 중요하다. 돈으로 할 수 있는 유용한 일들이 많다. 그래서 사람들은 돈이 많으면 행복해질 것이라고 생각한다. 과연 그럴까? 절대적으로 돈만이 우리의 행복을 결정하는 것은 아니다. 돈은 행복에 필요한 조건이긴 하지만 행복의 충분조건은 아니다. 오랫동안 행복과 소득의 상관관계에 대한 연구가 많았다.

《행복의 기원》 저자인 서은국 교수는 복권 당첨 같은 경험은 거시적인 행복의 관점에서 보면 오히려 저주가 될 수도 있다고 한다. 복권에 당첨된 사람들의 행복도는 점차적으로 낮아지는데 복권당첨 후에 그들은 친구들과의 식사, TV시청, 쇼핑 같은 일상에서 느끼는 소소한 기쁨의 감정을 더 이상 느끼지 못했다고 한다. 행복은 결국 복권 당첨 같은 큰 사건으로 생기는 것이 아니다. 달콤한 초콜릿을 먹는 것 같은 작은 즐거움에 꾸준히 젖는 것이다라는 그의 의견에 동감한다.

《멈추면 비로소 보이는 것》으로 유명한 혜민 스님은 '혜민 스님이 말하는 행복의 비법'이라는 주제로 한 KBS와의 인터뷰(2016년)에서 삶이란 것이 단순하게 남과 비교하는 마음(예를 들어 옆집 남편)으로 인해서 더 속상하다고 한다. 우리는 다른 사람의 속사정 속마음을 잘 모른다. 겉으로만 보이는 것이 모두가 아니라는 사실을 깨닫는 것, 무조건 성공한다고 해서 행복한 것이 아니라고 했다. 또한 행복의 기준을 내 삶에서 나는 왜 태어났고 나는 누구인가?라는 자기 성찰과 마음을 나눌 수 있는 사람이 많을 때 우리는 행복을 느낄 수 있다고 한다. 스님은 자신의 주위 사람들과의 관계가 얼마나 좋고 따뜻한가? 이런 것을 행복의 기준으로 삼을 수도 있다고 했다. 스님은 행복이라는 것이 자신의 목표를 이루었을 때뿐만 아니라 주변 사람과의 관계에서 행복할 수 있기 때문에 더불어서 나누고 행복했으면 좋겠다는 말로 인터뷰를 마무리했다.

미국의 작가 너다니얼 호손은 "행복은 나비 같다"라고 했다. 잡으려고 쫓아다닐 때는 잡기가 힘들지만 조용히 있으면 우리의 어깨에 살짝 내려앉으니까. 행복한 것이 최종목적이 되는 것보다는 소소한 일상에서 행복들을 느낄 수 있을 때 우리의 인생은 참으로 행복한 것이 아닐까.

chapter 5

여성 리더의
자기 경영

　여성들의 전문직 진출이 늘어나고 있다. 그러나 사람들을 이끄는 여성 리더의 수는 부족하다. 여전히 사회는 성차별 구조가 존재하고 있지만 무엇보다 중요한 것은 우리 여성들 스스로 리더가 되겠다는 적극적인 마음이다. 그리고 더 중요한 것은 좋은 리더가 되기 위해 실천을 해야 한다는 점이다. 리더는 '희망'만으로 되는 게 아니다.

　세상은 부정적인 태도와 이런저런 안 되는 이유를 내세우는 소극적인 여성보다 열정을 가지고 하고자 하는 적극적인 의지를 가진 여성에게 더욱 많은 기회의 문을 열어줄 것이다.

　막연히 잘되고 싶다는 생각만으로는 아무것도 이룰 수 없다. 원하는 것을 이루는 여성에게는 그들의 꿈을 이루기 위한 특별한 전략이 있다.

　그런 노력 중에서도 여성 리더의 자기 경영은 게임에서 이기기 위해 꼭 필요한 전략이다.

밝은 인상이
중요하다

학회 세미나에 참석했을 때의 일이다. 토론자로 나선 교수가 시종일관 나를 뚫어지게 쳐다보았다. 사실 째려보는 느낌이 들어 의아했다. 아는 사이도 아니고 잘못한 것도 없는데 왜 저리 나를 쳐다볼까? 라는 생각에 불쾌했다. 세미나가 끝나고 옆에 앉아 있던 다른 선생님 역시 그 교수의 표정 이야기를 하며 기분이 나빴다고 한다. 그분 역시 도대체 왜 그런 눈빛으로 사람을 보는지 기분이 상했다는 것이다. 나중에 알고 보니 째려보는 것이 아니라 평상시 그 사람의 표정이 그렇다는 것이다. 당연히 고쳐야 할 버릇임에도 그것을 아는지 모르는지.

스티븐 코비는《원칙중심의 리더십》에서 원칙중심 리더들의 특성 중 하나로 원칙 중심적인 사람들은 밝은 표정과 유쾌함, 행복에 차 있다고 한다. 이들은 정신적인 면에서도 열정적이고 희망적이며 신념을 가지고 있다. 원칙중심 리더들은 긍정적인 에너지를 발산하며 주변에 있는 약하거나 부정적인 이미지를 충전시키거나 변화시키기도 한다고 한다. 리더는 이런 긍정의 에너지를 조직에 널리 전파시켜야 한다.

　당신은 사람을 만날 때 어디부터 보는가? 사람마다 차이는 있겠지만 조사에 의하면 얼굴 전체를 본다는 사람이 63.7%, 눈을 본다고 대답한 이는 15.4%로 나타났다. 얼굴은 그 사람 신체의 7분의 1 정도에 불과하지만 @@@이란 이름을 생각하면 가장 많이 떠올려지는 것이 그 사람의 표정이다. 사실 눈, 코, 입의 생김새 보다 그 사람의 표정이 먼저 생각난다. 우리가 자신의 얼굴에 책임을 가져야 하는 이유는 30% 정도는 선천적으로 타고 나는 것이라면 70%는 노력이나 후천적인 환경에 의해서, 즉 내가 어떠한 마음으로 어떻게 사느냐에 따라 내 표정이 다르게 만들어지는 것이다.

　좋은 인상을 주기 위하여 웃음을 강조하는 이유는 그것이 표정근을 운동시켜주어 자연스러운 표정을 만들어주기 때문이다. 많은 사람이 몸짱이 되기 위해서 헬스클럽에서 많은 시간 땀을 흘리며 노력하지만 얼굴 표정을 개선하기 위해서는 노력하는 사람이 많지 않다. 쁘띠 시술이나 성형 수술보다 내 표정은 내가 만들자. 화장은 한나절만 나를 예쁘게 하지만 미소라는 강력한 무기는 날마다 나를 빛나게 한다.

웃는 얼굴이
꼭 최선은 아니다

우리는 잘 웃는 사람에게 호감을 느낀다. "웃는 얼굴에 침 못 뱉는다"는 말처럼 웃음이 사람들에게 좋은 감정을 느끼게 하는 것은 사실이다. 하지만 웃는 표정이 항상 좋은 것만은 아니다. 웃음도 상황에 적절해야 한다. 상황에 어울리지 않는 웃음이나 지나치게 잦은 웃음은 때로는 부정적인 이미지가 될 수 있다. 미소가 사람에게 호감을 주는 것은 누구나 인정하는 사실이지만 파워 게임에서는 그렇지 않다. 반사적인 미소는 복종이나 비굴함의 제스처로 비춰질 수 있다. 포커페이스의 가면에는 타인을 아래로 보는 부분이 있다. 치열한 권력게임에서는 포커페이스가 필요하다.

리더에게는 리더에 맞는 이미지가 있다. 친절하고 상냥한 이미지는 모든 상황에 적합한 이미지는 아니다. 우리는 지도자나 CEO에게 친절하고 상냥하기만을 기대하지는 않는다. 이미 중간관리자로 넘어가면 당신은 노련하고 강인한 리더십이 필요하다.

매너,
'그까짓 것'이 아니다

기업에서 추천의뢰를 받아 그 회사에 파트타임으로 교육생 2명을 추천해주었다. 교육생들에게는 기업현장에서 경험을 쌓고, 근무를 잘하면 정규직으로 채용될 수 있는 좋은 기회였다. 그런데 얼마 후 회사에서 걸려온 전화는 당황스러웠다.

한 명은 면접을 본 후, 다음날 출근하기로 약속하고 회사 유니폼까지 가져갔는데 출근 하는 날 아침에 일방적으로 "출근하지 않겠다"며 전화 통보를 하더라는 것이다. 심지어 가져간 유니폼도 반납하지 않는다는 것이다. 다른 한 명은 면접시간에 아무런 연락도 없이 나타나지 않았다. 전화를 받으며 부끄러움과 분노로 얼굴이 화끈거렸다.

그녀들은 나의 전화도 받지 않았다. 정확한 이유를 알 수 없지만 사정이 생겼을 수는 있다. 형편이 그렇게 되었다면 유니폼을 반납하면서 정말 죄송하게 되었다고 사과를 해야 하는 것이 기본 예의다. 상황을 얘기하고 양해를 구하면 이해할 수 있는 일이다. 그런데, 그런 상황들이 불편하다고 해서 출근 당일 날 아침, 회사에 일방적으로 전화

통보만 하고 걸려오는 전화를 받지 않으면 그만인가?

나는 가끔 이런 교육생을 만났을 때, 진심으로 교육생을 대하고 그들의 취업을 위해 고민하며 노력할 필요가 있을까 하는 회의론까지 든다. 본인들이 잠시의 불편한 상황을 회피함으로 다른 사람들에게도 피해를 준다는 사실, 인간관계는 일회성으로 끝나지 않는다는 사실을 왜 모르는 것일까.

매너가 운명을 좌우할 수 있다

모임에서 본인이 먼저 명함을 요구해서 받으면 그것으로 그만인 사람, 택시 호출을 해놓고 다른 차가 보이면 우선 타고 보는 류의 사람을 만나면 불쾌하다. 명함을 요청하기 전에 본인의 명함을 먼저 주는 것이 도리이고, 택시를 호출했으면 기다려서 타야 하는 것이 당연하다. 이런 사람은 당연히 콜 취소라는 최소한의 양심도 없다. 전화가 오면 불편하니 받지 않으면 그만이라는 식이다. 반대로 본인이 콜을 불렀는데 기사가 오는 도중 다른 손님을 먼저 태웠다면 어떤 반응을 보일지 궁금하다. 아마 화가 나서 난리를 칠 것이다.

세상은 혼자서 살아가는 것이 아니다. 여러 사람과 소통하며 교류한다. 능력도 중요하지만 사회생활을 하는데 꼭 지켜야 할 것이 '매너'다. 매너는 거창한 것이 아니라 타인과 더불어 살아가면서 남을 배려하고 존중하는 마음이다. 일상에서 행해지는 사소한 습관이나 태도를 어떻게 표출하느냐의 문제다. 우리는 사과하거나 취소할 상황이 되면 당연하게 지켜야 할 예의를 무시하는 사람들을 만나게 된다. 본인이 약속을 지키지 않는 사회를 만드는데 일조하면서 세상을 탓한다. 자신의 이기적인 태도가 상대에게 미치는 부정적인 영향을 모르지 않을 텐데 이들은 다음에 볼일이 없을 것이라 생각하고 양심을 버린다.

직장생활에서도 기본적인 예의를 지키지 않으면 본인도 모르게 개념 없는 사람이라는 낙인이 찍힌다. 이렇게 우리의 습관 중에서 아쉬운 점이 타인에 대한 배려가 적다는 것이다. 상대방을 존중하는 마음이 부족하여 매너 없는 행동부터 갑甲질 행동이 갈수록 도를 넘는다.

비즈니스 매너는 자신감을 가지는데도 중요한 역할을 한다. 리더들의 모임에서조차 소개 받는 상황에 잘 응대하고 자신감 있게 악수하는 법에 서툰 사람이 많다. 누구나 예의를 알고 자신을 존중해 주는 사람에게 호감을 가진다. 명함 돌리는데 바쁘다는 이유로 건성으로 사람을 대하는 모습에서 진정성을 찾기는 어렵다. 많은 사람을 한꺼번에 만나 명함을 교환한다고 해서 모두가 당신의 인맥이 되는 것은 아니다. 제대로 된 인맥을 가지려면 상대방이 하는 말에 귀를 기울이고 관심을 가져야 한다. 한 사람에게라도 진지한 태도로 좋은 매너를 보여줄 때 빛난다. 매너 결핍 증후군을 가진 사람이 난무하는 시대에 좋은 매너를 갖춘 사람이 리더가 되길 바란다. 매너는 속성으로 완성되는 것이 아니다. 평소에 타인을 존중하는 마음과 배려심을 키우자. 좋은 매너는 평판과도 직결된다. 스펙 쌓기가 기본이 되어버린 요즘 실력도 중요하지만 나를 돋보이게 하는 것은 무엇보다 매너이다. 성공하기 위해서, 좀 더 나은 사회를 만들기 위해 나부터 매너라는 중요한 키워드를 장착하자.

생텍쥐페리는 "인간은 상호관계로 묶어지는 매듭이요, 거미줄이며, 그물이다. 이 인간관계만이 유일한 문제다"라고 할 정도로 인간관계의 중요성을 얘기했다. "대접 받고 싶은 대로 상대방을 대접해 주라"라는 인간관계의 유명한 황금율도 있다.

공자는 신용을 잃어버리면 설 땅이 없게 된다고까지 했다. 은행에 저축만 열심히 하는 것이 중요한 것이 아니다. 사람관계에서 기본예의를 지키고, 좋은 습관을 가지는 것이 저축이다. 리더의 자리에 있을수록 작고 하찮고 사소한 것들이 타인의 눈에는 더욱 부각되어 크게 보여질 수 있다. 세상이 형식파괴의 시대라 할지라도 매너는 사람을 평가하는 중요한 기준이 된다. 다양성의 사회에서 매너는 사람을 더욱 빛나고 돋보이게 한다. 기본이 되어 있을 때 다른 것들이 함께 돋보이는 것이다.

기본기는
리더십의 첫 단추다

　교육회사의 유아교사 팀장을 맡고 있는 김은희 씨는 관리 업무와 신입교사 교육을 담당하고 있다. 김 팀장은 최근 채용된 교사 때문에 고민이 이만저만이 아니다. 새로 입사한 교사는 출근한 지 삼 일째부터 지각하기를 밥 먹듯 한다. 아침부터 눈에 핏발이 벌겋게 서 있고 눈동자에 총기라고는 찾아볼 수 없다. 그녀가 말할 때마다 입에서 풍기는 술 냄새는 옆에 앉은 사람까지 힘들게 한다. 새벽까지 음주를 하고 늦은 것이다.

　평소 정확한 업무 처리로 소문난 김은희 팀장이 제일 싫어하는 사람이 성실하지 못하고 기본을 지키지 않는 사람이다. 심지어 신입교사는 수업의 기본적인 교육계획안조차 제대로 파악하지 않고 수업을 한다. 게다가 제대로 하라고 충고를 하면 입을 삐죽거리며 한숨을 쉰다. 아이에 대한 사랑이 바탕이 되어야 하는 것이 유아교육인데 그녀는 단지 돈을 벌기 위한 수단으로 이 일을 시작한 것이다. 아이러니한 것은 그녀가 앞으로 팀장이 되고 싶다고 이야기하고 다닌다는 점이다. 무엇보다 기본기가 가장 중요한데 그녀는 욕심만 앞서고 자신을 갖추려는 마음은 보이지 않는다는 점이 문제다.

기본기는 인간관계, 매너, 업무 능력, 일을 대하는 태도, 경력관리까지 직장인이라면 반드시 갖추어야 할 역량이다. 진정한 행복이란 자신이 하는 일과 삶을 진지한 마음으로 대할 때 찾아온다. 원하는 일을 오랫동안 하기 위해서는 반드시 익혀야 할 기본기가 있다. 작은 것들이 모여서 거대한 것을 만들어낸다. 뛰어난 기량을 가진 운동선수도 기본기가 받쳐줘야 하고 식당 경영에서는 음식의 맛, 직원의 고객응대 능력과 청결도는 기본기에 해당한다. 기본을 우습게 보지 말자. 기본이 탄탄한 개인과 조직만이 더 나은 미래를 바라볼 수 있다.

어떠한 분야에서나 기본기가 부족하면 더 높이 오를 수 없다. 조직생활에서 특별히 지름길은 없다. 아무리 스펙이 좋고 능력이 있어도 자신이 근무하는 조직의 기준에 맞춰 회사생활에서 필요한 자격을 갖추어야 한다. 기본기부터 제대로 익히고 꿈을 키우자. 기본기가 제대로 이루어진 바탕 위에 실력을 겸비한다면 금상첨화錦上添花가 아닌가.

패션도 전략이다

이은경 씨는 평소에 수수한 옷차림을 즐긴다. 편안한 면바지에 동일한 브랜드의 티셔츠 몇 개를 번갈아 입었다. 가끔 후드 티셔츠를 입고 출근하는 날도 종종 있다. 그녀에게 패션은 관심 밖이었다. 친구가 옷차림에 신경 좀 쓰라고 충고했지만 그 말에 귀 기울이지 않았다. 일만 잘하면 되지 복장이 그리 중요하지 않다는 것이 그녀의 생각이었다. 남성들도 옷차림과 외모에 신경 쓰는 세상이지만 그녀의 스타일은 늘 변함이 없다. 어느 날 팀장이 그녀에게 조용히 다가오더니 "옷에 신경 좀 쓰지. 회사를 너무 편안하게 생각하는 것 아니야? 여긴 직장이야."란 말을 하며 못마땅한 표정을 지었다.

아무렇게나 입다가는 아무렇게나 대접받는다. 성공적인 리더의 모습을 연출하기 위해서는 당당하고 전문가다운 이미지를 보여주는 것이 중요하다. 여성 리더와 여성 정치인의 패션은 그녀의 이미지를 빛나게도 하고 반대로 폭탄이 되어 이미지를 한순간에 바닥으로 떨어뜨리기도 한다. 파워 드레싱power dressing이란 사회에서 성공하기 위해서 필요한 옷차림을 의미하는 것이다. 자신의 지위와 권위를 강조하기 위해 격식을 갖추어 차려 입는 복장을 말한다.

　대화전문가인 이정숙은 《성공하는 여자는 대화법이 다르다》에서 사람들의 말씨나 옷차림, 걷는 태도, 말하는 모습은 그들이 하는 말의 힘에 크게 영향을 끼친다고 했다. 동등한 직급에서도 어떤 여성에게 는 핵심적이고 중요한 일이 주어지고, 다른 여성에게는 보조적인 업무만 주어진다. 원인이 무엇인가? 여러 이유가 있겠지만 그 사람의 이미지도 상당한 영향을 끼치는 게 사실이다. 예컨대 전문적으로 대접해야 할 이미지를 심어주었다면 전문직 여성으로 대접을 받을 것이다. 그와는 다르게 보조업무밖에 할 수 없을 것 같은 이미지를 준 사람에게는 그런 일만 주어진다. 따라서 이정숙 저자의 말처럼 시각적 이미지의 중요성을 인식하고 관심을 가지고 관리해야 한다. 시각적 이미지를 절대 무시하지 마라. 첫인상으로 상대는 당신을 어떻게 대할지 판단하고 행동한다.

　현재 여성 권력자로 주목받고 있는 인물은 앙겔라 메르켈 독일 총리, 테리사 메이 영국 총리, 크리스틴 라가르드 IMF총재 등이다. 널리 알려진 바와 같이 과거에는 남성들의 세계에서 살아남기 위해 여성 리더들이 남자처럼 행동하기도 했다. 이스라엘 최초의 여성총리였던 골다 메이어는 총리 재임 당시 자신의 이미지를 강하게 하기 위해 의도적으로 더 남성답게 행동했다. 화장을 하지 않은 얼굴에 심지어 담배를 입에 물고 있는 모습을 보이기까지 했다. 그러나 지금은 세계적인 여성 리더들이 여성적인 매력을 강조하고 있다. 그것으로 경쟁력을 강화하고 있는 것이다.

라가르드 IMF총재는 세련된 패션스타일로 패션 감각을 뽐내며 스타일 아이콘으로 널리 알려져 있다. 옷차림은 당신의 매력을 더욱 돋보이게 해주며 타인에게 어떤 인상으로 기억될 것인지를 좌우한다. 상황에 따라 다양한 이미지 변신으로 성공한 사례로 힐러리 클린턴을 들 수 있다. 그녀는 대통령 부인 시절에는 꽃무늬 원피스로 현모양처 이미지를 연출하고 자신이 정치현장에 뛰어든 후로는 바지정장 스타일을 유지하며 커리어우먼의 이미지를 잘 표현하고 있다. 테리사 메이 영국 총리는 남의 시선을 의식하지 않는다. 여성성이 강력한 무기가 될 수 있다는 것을 그녀는 패션 스타일로 증명하고 있다. 최장수 내무장관의 기록을 가진 그녀는 강력한 리더십과 깔끔한 업무 능력을 지녔다.

자신의 이미지 스타일을 만들 때 먼저 염두에 두어야 할 점은 옷, 머리, 화장을 어떻게 할 것인가를 생각해야 한다. 물론 그것은 직장의 문화나 하는 일에 따라 달라질 것이다. 어떻게 하라고 일괄적으로 이야기할 것은 못된다. 따라서 당신의 입장과 상황을 잘 고려하여 목표 이미지를 연출하는 센스와 노력이 필요하다.

복장은 회사 내에서 당신의 직위를 알려 주는 역할을 한다. 시간, 장소, 상황에 맞는 옷차림을 하라. 지나치게 헐렁하고 편안한 옷차림도 경계하라. 거듭 말하건대 옷차림의 중요성에 대해 소홀히 하지 마

라. 패션은 단순한 유행이 아니다. 그것은 당신이 커리어 사다리를 올라가는데 분명한 영향력을 미친다. 회사에서 승진하기를 원한다면 당신이 원하는 직급의 여성을 살펴보라. 내가 지금 맡고 있는 역할이 아닌 원하는 역할의 옷차림이 당신이 해야 할 패션이다.

항상 자기 소개할
준비를 하라

당신은 언제 어디서나 자신을 소개할 준비가 되어 있는가. 우리는 살아가면서 자기소개를 할 기회를 수없이 만나게 된다. 이때 자기를 어떻게 소개하느냐는 것은 매우 중요하다. 남성들은 상대적으로 자기소개에 적극적이다. 때로는 장황하기까지 하다. 반면에 여성들은 이 부분에서 소극적이다. 때로는 자기를 알리는 것이 쑥스럽기라도 한 듯 지나치게 간단히 끝내고 만다.

어디에 다니는 누구, 어디에 사는 누구라고 이름을 간단하게 말하고 끝낸다. 자신을 적극적으로 알리려는 의지보다는 대충 넘어 가려는 듯 불편함이 보인다.

너무 떨린다는 말을 시작으로, 어디서 온 누구이고, 몇 살이며, 어떤 일을 한다는 형식적인 인사를 한다. 머리를 한손으로 쓸어 넘기거나 두 손을 비비며 어색한 미소를 짓는 것은 자신의 이미지를 깎아 내린다. 심지어 누구 엄마라는 얘기까지 나온다. 사실 당신이 어디에 살고, 몇 살이며 누구의 엄마인지(학부모 모임에서는 사정이 다르겠지만)

사람들은 그다지 관심이 없다. 특히 일을 하고 있는 여성의 이런 초간단식의 자기소개는 겸손이 아니다. 이렇게 소극적이고 준비 안 된 자기소개로 당신을 알아주기를 바라는 것은 욕심이다.

자기소개의 짧은 시간에 자기를 효과적으로 소개하는 것은 이미지 메이킹에도 도움이 될 뿐 아니라 사람들에게 자신을 각인시키는데도 매우 중요하다. 나열식의 자기소개보다는 당신의 이미지를 긍정적으로 만들어주며 자신을 각인시킬 수 있는 자기소개를 고민해보자. 사람들에게 당신이 하고 있는 일에 대해서 기대감을 가지게 하는 것도 좋은 방법이다. 자기소개에는 처음 자신의 이름을 분명히 이야기하라.

"안녕하세요. 저는 여성 리더십 전문가이며 책을 쓰고 강의를 하는 특별한 교육연구소 대표 조금숙입니다."

"저는 ○○ 회계사무소에 근무하고 있는 이미경입니다. 세금 업무에 궁금한 것이 있으면 연락 주십시오. 성심껏 도와드리겠습니다."

당당한 자세로 청중과 시선을 맞추며 따뜻한 미소를 짓는 것만으로도 당신은 사람들에게 멋진 이미지로 기억될 수 있다.

어떻게 자기소개를 하느냐에 따라 그 사람의 이미지나 가치가 달라 보인다. 명심해야 할 것은 자기소개는 단순히 당신이 누구인지만을 알려 주는 것이 아니다. 모임의 성격이나 취지에 맞는 내용을 이야기해야 한다. 또한 남성들과 같이 있을 때 먼저 나서지 않으려고 하는 여성들의 생각은 옳지 않다. 어떠한 모임이든 먼저 이야기 하거나 자주 이야기하는 사람이 리더십이 있는 사람으로 평가받는다. 회사나 일상에서 만나는 사람들에게도 자기소개를 적극적으로 하라. 잘된 자기소개가 미래에 당신의 성공에 지렛대 역할을 할 수 있다.

chapter 6

상처 없는
새는 없다

담대하게 처신하기

펜실베이니아대학교의 심리학과 교수인 앤절라 더크워스Angela Duckworth는 성공할 것이라고 예상되었던 사람들에게서 공통적인 특성을 발견했다. 재능이 성공의 비결이 아니라 그녀가 '그릿Grit'이라고 이야기하는 열정과 끈기의 합이 라고 주장한다. 그릿은 실패에 포기하지 않고 자신이 이루고자 하는 목표를 향하 여 꾸준히 나아가는 능력을 말한다. 그릿은 포기하지 않고 꾸준히 노력하는 힘이 며 실패와 역경 앞에서 좌절하지 않고 견딜 수 있는 마음의 근력을 뜻한다(Angela Duckworth, 2016).

실패는 누구나 경험할 수 있다. 문제는 실패를 꼭 끌어안고 좌절하고 포기만 할 것인가. 아니면 그럼에도 불구하고 원하는 바를 이루기 위해 계속 정진할 것 이냐는 당신의 선택에 달려 있다. 우리의 인생은 100m를 뛰는 단거리가 아닌 마 라톤이다. 자신이 원하는 인생을 살기 위해서는 포기하지 않고 끝까지 해내는 노 력이 중요하다. 실패는 성공의 어머니라는 옛말이 진리다. 실패하고 상처받는 것 을 두려워하지 말고 담대해져라.

자신 있게
내 의견 주장하기

정민정 대리는 오늘 하루가 바쁘고 힘겨웠다. 오늘은 결혼 10주년
이다. 그녀는 남편과의 만남을 기대하며 시간이 빨리 가기를 기다리
고 있다. 드디어 약속한 시간에 설레는 마음을 안고 약속장소에 도착
했다. 남편이 필요한 것 없냐고 물었을 때 그녀는 딱히 생각나는 것
이 없어서 알아서 하라고 말했다. 부부는 근사한 레스토랑에서 화이
트 와인을 마시며 스테이크를 먹었다. 식사를 마친 후 남편은 이제
집에 가자고 한다. 아쉬운 마음에 그녀는 선물 없냐고 남편에게 물었
더니 없다는 것이다. 그녀는 "결혼 10주년인데 이게 끝이란 말이야"
라고 얼굴을 붉히며 화를 내었다. 남편은 의아해 하며 당신이 필요한
것 없다고 해서 그냥 왔다는 것이다. 내가 원하는 바를 정확하게 전
달하지 않으면 아무리 남편이라도 내가 무엇을 바라는지 알 수가 없
다. 원하는 것을 제대로 말하지 않고 애매하게 표현하면 어떻게 알겠
는가. 정 대리의 남편은 오히려 그녀의 행동에 당황스러웠을 것이다.

다음날 꿀꿀한 마음으로 회사에 출근한 정민정 씨는 부서 회의에 참석했다. 팀장은 그녀가 며칠을 야근하며 기획한 행사진행을 동료인 박 대리에게 맡겼다. 불과 이틀 전에 기획안이 잘되었다고 칭찬까지 하지 않았는가. 그녀는 본인이 심혈을 기울여 만든 행사를 남자 직원에게 일임하는 팀장에게 화가 났다. 그런데도 자신의 의견을 말하지 못하고 속만 끓였다. 부당하다는 생각에 "저기요"라고 했다가 "무슨 일이야"라는 팀장의 퉁명스런 질문에 "아닙니다"라고 그냥 얼버무려 버린 것이다. 팀장의 지시가 부당하다는 말도 못하고 마음 앓이만 하는 그녀. 도대체 무엇이 문제인가.

아직도 많은 여성이 상사나 직장 동료들이 자신의 업무능력을 알아주기를 기대한다. 천만의 말씀이다. 물론 당신의 능력을 높게 평가하는 사람이 있기는 할 것이나 사막에서 오아시스를 찾는 것만큼 만만치 않다. 팀장의 부당한 처사에 억울해 본들 이미 행사를 멋지게 성공시킬 기회는 물 건너갔다. 대부분의 남성들은 그럴 마음도 없다.

나의 의견을 이야기하지 않는데 어떻게 원하는 것을 얻을 수 있겠는가. 이러한 유형의 사람일수록 자신의 의견을 주장하는 것이 힘들고 갈등상황이 생기면 수동적이 된다. 문제는 자신의 행동 후에 기분이 나빠지거나 후회한다는 것이다. 불편한 말을 하기 싫거나 갈등이 힘들어서 참기만 하면 나는 왜 이것밖에 안 되나라는 자책감과 함께 인간관계에서 자신감을 잃어버리게 된다. 실제로 사회에서는 수동적이고 자기주장이 약한 사람을 만만하게 보는 경우가 많다. 자기 주장을 하기 어려워하는 사람들의 원인은 여러 가지가 있겠지만 대표적으로 환경적인 문제나 어릴 적 관계형성에서 여성성이라는 사회적인 기제가 많은 영향을 미쳤을 것이다. 정 대리와 같은 여성을 종종 만날 수 있다. 당당하게 자신의 의견을 말하지 못하는 것은 직장 여성이 성공하는 데 큰 걸림돌로 작용하고 있다.

자신 있게 내 의견을 주장하게 되는 능력을 익힘으로 인간관계가 더욱 원만해지고 내가 원하는 것을 쉽게 얻을 수 있으며 자신감이 높아진다. 성공하는 여성 리더의 습관 중에서 긍정적으로 자신의 의견을 적극적으로 표현하는 능력은 매우 중요하다. 이를 극복하기 위해서는 자기 주장이나 자신의 마음을 표현할 수 있는 능력을 길러야 한다. 대인관계에서 불편한 상황을 만들지 않으면서 자기의 감정이나 생각을 자연스럽게 표현할 수 있는 능력 말이다. 이를 위해서는 첫째, 평소에 내가 필요로 하거나 바라는 것을 이야기한다. 둘째, 내 의견을 분명하게 말한다. 셋째, 상대방의 의견을 존중한다. 이러한 노력들을 꾸준히하다 보면 나의 생각을 정확하게 표현하고 내가 해야 할 일을 했으므로 자신감도 생기고 기분도 좋아진다.

경력단절에 대처하라

여전히 우리 사회는 여성이 커리어를 유지하기가 쉽지 않다. 여성은 결혼과 출산, 육아로 인해 가족이나 주변의 보육지원이 없으면 누구나 경력단절을 경험할 수 있다. 나 또한 여느 여성과 같이 경력단절을 겪지 않기 위해 치열하게 살았다. 친정 부모님과 이웃의 도움으로 커리어를 유지할 수 있었지만 그 과정에 눈물바람도 많았다.

경력단절 여성이란 "임신, 출산, 육아와 가족구성원의 돌봄 등을 이유로 경제활동을 중단했거나 경제활동을 한 적이 없는 여성 중에서 취업을 희망하는 여성"이다. 여성의 경력단절이 사회적 논쟁이 되는 이유는 단절이 일어나게 되는 시기와 이유가 여성이 겪게 되는 결혼, 임신, 출산이라는 내용과 깊은 관계가 있기 때문이다. 여성의 경력단절 현상은 한국 사회의 결혼제도와 이와 관련된 성역할 분담 구조가 만들어낸 여성 노동시장의 단면을 여실히 보여주고 있는 것이다.

나는 여성들을 대상으로 직업훈련 교육기관을 운영하면서 경력단절 여성을 많이 만났다. 이들에게서 경력단절의 기간이 길어질수록 사회생활에 대한 불안과 자신감이 줄어드는 모습을 보게 된다.

한국의 여성 경제 활동 참가율을 연령대로 살펴보면 다른 나라와 비교하여 특이한 점을 볼 수 있다. 30대 초중반 여성의 경제활동 참가율 부분이 뚝 떨어져 하향선을 그리고 있다. 이를 M자형 그래프라고 한다. 결혼과 출산, 양육을 거치면서 어쩔 수 없이 노동시장을 떠나는 여성들 때문이다. 이러한 결과는 여성들의 결혼과 임신, 자녀양육 등 생애사적 사건이 여성경제활동 참여에 상당한 영향을 미치고 있음을 보여주고 있는 것이다.

많은 경력단절 여성이 취업욕구를 가지고 있다. 이들은 취업욕구는 높지만 주부로서의 역할과 취업 간의 갈등이 심하다. 직업 훈련 종료 후 취업기회가 주어져도 망설이거나 포기하는 현상이 발생한다. 그녀들은 경력단절이나 나이 같은 이유로 취업에 대한 자신감이 부족하다. 이로 인해 취업준비에 소극적이다. 의외로 의지가 약한 여성도 많다. 경력단절을 뛰어넘어 꼭 일을 해야겠다고 생각한다면 빠른 시간에 취업이 되지 않더라도 포기하지 말아야 한다. 꼭 원하는 조건만을 고집해서는 안 된다. 어느 정도 맞으면 일단 취업 시장에 진입하는 것이 중요하다. 미리 지나친 걱정을 할 필요는 없다. 실제 일을 해보면 두렵게만 느껴졌던 일들이 기우였다는 걸 알게 될 것이다.

또한 여성 본인도 재취업을 원한다면 구직 사실을 널리 알려야 한다. 의외로 가까운 곳에서 원하는 기회가 있을 수 있다. 경쟁력을 가지게 위해 교육을 통한 자기계발을 꾸준히 하며 구인 정보를 온라인, 오프라인을 통해서 적극적으로 알아보아야 한다. 무엇보다 마음이 중요하다. '내가 어떻게'라는 생각보다는 기회가 생길 때 '어떤 문이든 두드려 보자'는 자세로 도전해보자. 일단 시작하면 더 많은 기회가 있다.

여성에게 제공되는 일이 돌봄 노동이나 여전히 저임금의 일자리가 많은 것도 안타까운 현실이다. 정부가 여성 경력단절 문제를 해결하기 위해서는 먼저 여성의 직업훈련 기회를 확대해야 한다. 실제로 정보 부족으로 국가에서 훈련비를 지원하는 국비 과정의 직업훈련을 모르는 경우가 많다. 여성 직업훈련에 대한 홍보를 강화해야 한다. 훈련과정의 유연화 또한 필요하다.

여성들이 생애사적 문제로 겪게 되는 경력단절 문제는 개인의 문제가 아니라 사회적인 문제이므로 국가적 차원에서 시스템을 갖추고 적극적으로 해결해야 한다. 아동 양육을 위한 보육서비스, 출산 육아 휴가정책, 취업지원정책뿐 아니라 전체 사회정책의 틀 안에서 각종 정책과 기업문화, 사회복지정책과의 연계를 통한 통합적 접근이 필요하다.

지나친
완벽주의는 버려라

당신은 언제나 완벽해야 한다고 생각하고 비판받는 것을 극도로 싫어하는가? 일에서 완벽주의는 훌륭한 요건이지만 지나치면 감정과 에너지를 소모한다. 완벽주의는 목표에 상관없이 디테일한 사항에 몰두하여 종종 에너지를 낭비한다.

긍정적인 완벽주의는 일을 꼼꼼하게 잘 처리하며 회사에서 업무성과도 좋다. 사회에서도 인정을 받으며 성공한 사람도 많다. 그러나 완벽해지려는 것도 지나치면 문제가 된다. 부정적인 측면의 완벽주의는 결과보다 과정에 지나치게 몰두한 나머지 효율성이 떨어진다. 완벽주의 성향의 사람이 종종 일을 미루게 되는 경우가 있는데 이는 실패에 대한 두려움이 있기 때문이다.

완벽주의자는 자신과 주변 사람들에게 지나치게 자신의 잣대로 밀어붙이기 때문에 본인과 주변 사람을 힘들게 할 수 있다. 지나친 완벽주의는 자존감의 부족, 죄책감 같은 감정이 동반하여 스트레스의 원인이 된다. 특히 직급이 올라갈수록 글자의 오타나 작은 오류를 꼼꼼히 따지고 지적하는 것에만 집중하다가 더 큰 것을 놓치는 실수를 하지 말자. 지나친 완벽주의는 소탐대실小貪大失이다. 작은 것을 탐하다가 더 큰 손실을 볼 수 있다.

지나친 완벽주의를 피하기 위해서는 과하게 높은 목표를 설정하기보다 내 능력에 맞는 목표를 가지고 자신과 타인에 대한 기대치를 조금 낮춰 보자. 대부분의 완벽주의자들이 죄책감을 자주 느끼는데 당신은 이미 최선을 다했다. 죄책감을 떨쳐 버리자. 일에서 실패를 지나치게 두려워하지 말자. 실패했다는 사실 자체에 대한 집착은 버려라. 실패 자체도 성공으로 가는 과정이다. 당신은 다시 도전하고 성장할 수 있다. 100% 완벽이란 착각이다. 당신의 단점보다 장점을 떠올려 보라. 당신은 생각보다 훨씬 더 멋진 사람이다.

일과 가정의 균형

상처 없는 새는 없다

배은진 대리는 회의에서 자신이 작성한 기획안을 발표했다. 밤낮 없이 노력한 덕분에 상사의 칭찬까지 받았다. 더불어 그 기획안에 대한 프로젝트까지 맡게 되어 내심 뿌듯한 마음으로 꼭 성과를 내겠다는 다짐을 했다. 회의가 마무리 되려는 순간 평소 배 대리의 경쟁자인 주진미 대리가 "배 대리가 이번 프로젝트를 잘해낼 수 있을지 걱정 되는데요."라는 말을 했다. 순간 화기애애하던 분위기는 일순간 썰렁해졌다. 팀원들은 내심 두 사람의 반응을 궁금해하는 표정으로 지켜보았다.

배 대리는 상사의 긍정적인 피드백에 기분이 좋았다가 주 대리의 말에 일순간 표정관리를 어떻게 해야 할지, 사사건건 시비를 일삼는 그녀 때문에 마음은 부글부글 용광로처럼 끓어올랐다. 싸늘한 표정으로 "너나 잘하세요."로 응징하고 싶었지만 마음뿐이었다. 솔직히 그녀는 그럴 용기도 없었다. 직장여성이라면 근거 없이 자신을 비난하는 사람에게 단호하게 대처하는 것이 쉽지 않다. 여성들은 일반적으로 관계유지에 애쓴다. 싸움을 했다가 관계가 깨어지는 것이 불편하고 이미지에도 신경이 쓰인다. 후에 단호하게 대처하지 못하는 자신이 나약하고 무능하게 느껴지기까지 하여 이중의 스트레스를 받는다.

비난에 노출된다면 감정적으로 해결하려 하지 말라. 꾹 참기만 하는 것도 도움이 되지 않는다. 이때 비난을 하는 상대방에게 멋지게 반격할 수 있는 방법은 없을까. 주 대리의 말이 지나친 것은 사실이지만 즉시 화를 내며 맞대응했다가는 감정이 앞서는 사람이라는 이미지를 줄 수 있다. 당신을 비난하는 자를 지혜롭게 무력하게 만들어라. 인상을 찌푸리지 말고 포커페이스를 유지하라. 사람들에게 당신의 심리상태를 표출하지 말고 평정심을 유지하고 몇 초간 침묵하라. 이어서 "오늘 회의는 참으로 유익한 시간이었습니다."로 마무리하거나 화제를 돌려 버리면 당신을 비난하는 사람이 오히려 머쓱해질 것이다.

타인을 자주 비난하는 사람 중에는 자신이 상처를 받았기 때문인 경우도 있다. 이러한 경우에 굳이 마음 아파하고 무슨 이유일까 고민하기 보다는 '저 사람은 상처가 많아 불안정하구나' 하는 생각과 함께 상처받지 말자. 모든 사람에게 인정받겠다는 생각은 어차피 욕심이다.

"No"라고
말할 수 있어야 한다

충성심을 발휘하라든가, 또는 팔로워로서의 역할을 다하라는 말은 언제 어디서나 항상 'Yes우먼'이 되라는 것은 아니다. 당연히 'No'라고 말할 때는 그래야 한다.

직장 생활 3년차인 김은지 씨는 내게 이런 고민을 털어 놓았다. "저는 남보다 훨씬 더 많은 일을 해요. 제가 할일이 많아도 상대방이 부탁하면 거절을 못해서 하는 수 없이 떠안게 되죠. 당연히 속상하고 화가 나지만 제가 거절하면 동료와의 관계가 불편해지는 것이 싫어서 하는 수 없이 들어줄 수밖에 없어요. 이런 제가 한심하기도 하지만 달리 방법이 없어요."

김은지 씨 사례처럼 누구나 거절이란 것이 익숙하지 않다. 김은지 씨의 생각처럼 나중에 그 사람과의 관계가 어색하거나 불편해지지 않을까 하는 걱정도 되고, 사람 그렇게 안 봤는데라는 부정적인 반응이 두려워 거절하는 것을 어려워하는 사람이 많다. 그러나 시간은 한정되어 있고 우리의 에너지도 무한하지 않다. 거절 못해서 상대방의 부탁을 들어주다가는 지치기도 할 뿐 아니라 NO라고 말하지 못한 자신에게 상처를 준다. 세상에서 가장 중요한 사람이 누구인가? 당신이다. 그 사람과의 관계가 걱정되어 곤란한 부탁을 어쩔 수 없이 들어줄 필요는 없다.

의외로 많은 사람이 제때 거절하지 못해서 곤란한 경우를 당한다. 마음에도 없으면서 뻔히 어려움을 예측하면서 예라고 대답하지 말자. 원하지 않는 일을 거절하지 못하면 하기 싫은 일을 억지로 해야 하고, 자신에게 부탁한 사람에 대해 부정적인 감정도 생긴다. 결국 단호하게 거절하지 못한 본인에 대한 실망스런 마음도 크다. 무언가 부탁을 받았을 때 "아니오"라고 말하는 데도 기술이 필요하다. 단호하고 냉정한 태도로 "아니오"라고 말한다면 상대방과의 관계가 깨어질 수 있다. 상대방이 기분 상하지 않게 "아니오"라고 할 수 있는 방법이 있다. 당신은 인간관계 때문에 쉽게 거절하지 못하는 것이다. 타인의 부탁을 기분 상하지 않게 정중하게 거절할 경우 상대방과의 관계는 유지할 수 있다.

《거절의 힘》의 공동저자인 제임스 알투처, 클라우디아 알투처는 거절도 일종의 위험이며(그 사람과의 관계에서) 위험을 피하지 않고 뚫고 나가면 특별한 사람이 된다고 했다. 거절에 따르는 위험을 이겨내면 자유를 얻을 수 있으며 살아가면서 받아들일 일과 거부해야 할 일을 구별하는 것은 대단히 중요하다. 인생을 살다 보면 원하는 일만 하며 살 수는 없는 노릇이지만 반드시 하지 않아도 될 일까지 해서 스스로를 힘들게 할 필요는 없다.

　타인이 원하는 대로만 행동하다 보면, 정작 자신은 우울해지며 불만이 쌓인다. 또한 자존감도 낮아진다. NO!라고 말할 수 있는 단호함도 필요하다. 거절의 방법이 어려운 것만은 아니다. "아니오"라고 대답할 수 있을 때 당신은 상대방의 부당한 요구를 피할 수 있다. 부탁을 들어줄 수 없는 타당한 이유를 설명하라. 그리고 부탁을 들어주지 못하는 마음도 함께 전달한다면 관계 단절에 대한 두려움에서 벗어날 수 있다. 반대로 가능할 때는 상대의 부탁을 들어주는 것도 방법이다. 관계는 주고받는 것이다. 중요한 것은 당신이 과도한 업무를 떠안으며 일하는 동안에 남성은 그들의 커리어를 차곡차곡 쌓는다는 사실이다.

비판에
당당히 맞서라

사람들의 비난에 두려움을 느끼는 것은 누구나 겪는 감정이다. 그러나 이러한 비판에 어떻게 대응하느냐에 따라 당신은 진정한 리더로 거듭날 수도 있고 마음지옥으로 입문하는 최악의 경험을 할 수도 있다.

성인들을 대상으로 한 직업 교육기관을 운영하고 있는 한진희 원장은 열정적이며 따뜻한 마음을 지닌 사람이다. 그녀는 몇 해 전의 끔찍한 경험을 떠올리면 아직도 감정 컨트롤을 힘들어한다. 치가 떨린다는 표현이 딱 어울릴 정도로 그녀는 극한의 고통을 받았다. 그때 사람들로부터 겪은 마음의 심한 생채기는 여전히 아물지 않은 상처로 종종 그녀를 괴롭히고 있다. 그녀는 어떤 사람이든 진심으로 관심을 가지고 정성을 다하면 좋은 인연이 될 것이라는 마음이었다. 상담 시에 조금 까다로운 교육생이 몇 명 있었지만 개의치 않았던 그녀였다. 개강을 한 후 여느 때와 다름없는 일상이 지나간 후 몇 명의 학생이 서서히 자신의 성향을 드러내었다. 그들은 학생의 신분이었지만 나이는 한원장과 별 차이가 나지 않았다.

어느 날 학생 몇 명이 바깥에서 한 원장에게 면담요청을 했다. 그 교육생들은 한 원장에게 교직원 한 명을 비난하며 그만두게 하라는 압박을 가했다. 학생들의 당돌한 요구에 그녀는 당황하고 불쾌했다. 학사 일정상 중간에 직원을 교체하기도 어렵거니와 그녀들의 요구는 터무니없었다. 화난 마음을 억누르며 상황을 설명하고 설득했다. 학생들은 해당 직원을 퇴사시키지 않자 수업 분위기를 살벌하게 만들며 심지어 단체행동까지 서슴지 않았다. 고통이 따르더라도 언젠가는 마음을 알아주겠지 하는 마음으로 참고 견디며 함께 가려는 그녀의 노력에도 불구하고 상황은 점점 악화되어 갔다. 미묘한 갈등으로 인한 작은 일들이 점점 오해가 쌓였다. 학생과 교직원 모두가 불편한 상태가 되었다. 심지어 학생 몇 명은 불편한 수업 분위기에 교육을 포기하는 상황까지 발생했다. 일부 학생이 주도하는 비판의 화살에 주요 표적이 된 그녀는 자신이 경영하는 교육기관의 문을 닫고 싶을 정도로 고통스러웠지만 참았다.

부당한 상황에서 예의바르게 행동해야 한다는 마음에서 모든 사람에게 공손해야만 하는 것은 아니다. 많은 여성이 갈등이 두려워 참고 넘어 가려고 한다. 자신의 행동으로 상대의 반발과 상황이 더 나빠지는 것을 무서워한다. 싸우려고 하지 않기 때문에 중요한 문제를 파악하지 못하고 누구에게도 도움이 되지 않는 위태로운 상황을 평화라는 포장으로 유지하고 있다. 어떤 갈등이나 충돌이 일어났을 경우에 회피하기보다 정면으로 대결하려고 노력해야 한다. 다툼이나 논쟁을 두려워하지 말라. 마찬가지로 고객의 요구라고 해서 모든 것을 받아들여야 하는 것은 아니다.

터무니없는 요구에는 상황을 설명하고 이해 받으려고 애써 노력하지 말라. 비판에 대해 당신이 감정적으로 대응할수록 얻을 수 있는 것은 작아진다. 자신들의 의견을 무시한다고 생각하면 사람들은 더욱 심한 비난으로 공격할 수 있다. 너무 연연해하면서 마음 아파하지 말고 신경 쓰지 말라. 사람들과 좋은 인간관계를 만드는 것에는 관심이 없는 사람도 있다. 이런 부류의 사람은 어디서나 상대의 감정을 해치고 부정적이며 공격적인 행동도 서슴지 않는다. 이런 사람에게는 일정 거리를 유지하면서 맞서 싸워야 한다. 필요에 따라 먼저 싸우고 그 다음에 화해하고(화해가 안 되는 부류의 사람도 있다) 마지막에 협상하라.

타인이 당신에 대해 비판을 할 때 세세히 신경 쓰다 보면 한도 끝도 없다. 일방적인 주장을 고집해서도 곤란하지만 그 비판을 견디고 묵묵히 자신의 길을 가다 보면 인정이 따른다. 사람들의 비난은 언제든지 변할 수 있다. 너무 감정 상해하지 말고 목숨 걸지도 마라. 사람들의 편견이나 비판에 좀 더 과감해져라. 오해를 풀려고 지나치게 애써다 보면 오히려 이해는커녕 꼬이는 경우도 있다. 너무 억울해 하지도 말라. 인생은 원래 늘 공정한 것만은 아니다. 비난에 이리저리 흔들리는 당신의 나약한 모습을 발견한 상대방은 더욱 뾰족한 칼날을 드러내기도 한다. 어려움을 버티고 꿋꿋하게 가다보면 사람들의 평가도 달라질 것이다.

누구나 다른 사람으로부터 비난을 당하면 기분이 상한다. 비판에 기분이 상하면서 자신감 자체를 잃어버리는 경우도 있다. 갈등상황이 힘들고 불편하겠지만 나의 성장에 디딤돌이 될 수 있는 부분은 수용하되 비판의 대상과 당신을 동일시하지 말라.

2014년 2월14일 뉴욕대의 공동강연에서 힐러리 클린턴은 엘레노어 루즈벨트 여사의 말을 인용하여 "공직에 나서려는 여성은 코뿔소와 같은 두꺼운 피부(얼굴)를 가져야 한다"는 충고를 꼽으며 비판에 직면한 여성들이 해야 할 행동에 대해 이야기 했다. 비판에 대처하는 힐러리의 자세를 엿볼 수 있다. 연이어 비판하는 사람의 말을 경청하고 그들에게서 배우지만 비판으로 하여금 무너지지는 말라는 조언에 공감한다. 무엇보다 우리의 삶에 나타나는 비판을 이겨낼 수 있는 능력을 가지라는 힐러리의 말에 박수를 보낸다.

애니 테일러에게서
배우자

처음으로 나이아가라 폭포 낙하에 성공한 사람은 누구였을까? 처음부터 대단한 모험가였을까. 최초로 나이아가라 폭포에 도전장을 내민 한 여인의 대단한 용기는 무모함에 가까웠다. 그 누구도 생각해내지 못한 일을 그녀는 감행한 것이다.

대단한 모험을 한 사람은 1901년 10월 24일 미시간 출신의 애니 테일러라는 여성이다. 그녀의 나이 63세 때의 일이다. 애니 테일러는 주문 제작한 오크통을 타고서 과감하게 나이아가라 강에 뛰어들었다. 그녀가 운영하던 예절학교가 문을 닫게 되자 애니 타일러는 돈에 쪼들려 고민을 거듭한다. 우연히 본 신문기사에 나이아가라 폭포를 보러 온 수많은 사람들을 생각하며 모험에 나섰다. 그녀는 구빈원에서 외롭게 초라한 인생을 살고 싶지는 않았다. 노년의 그녀가 구빈원 신세를 지기 싫어서 목숨을 건 모험을 한 것이다.

이 여성은 대단한 모험가이다. 교사 출신의 그녀는 나이아가라 폭포를 이용하여 유명세를 얻고 그로 인하여 돈을 벌고자 했다. 애니 테일러는 먼저 매니저를 고용하고 구경꾼을 끌어모은다. 그리고 통나무를 이용해 폭포를 타고 넘은 것이다. 그녀가 탄 오크통은 53m 높이나 되는 나이아가라 폭포에 떨어졌다. 결국 그녀는 살아남아서 무사히 구조되었다. 아동작가인 크리스 반 알스버그가 《폭포의 여왕》이라는 제목으로 이 스토리를 가지고 그림책을 내기도 했다.

나이아가라 폭포 아래서 자연의 웅장함에 초연해지지 않을 사람이 얼마나 될까. 한없이 작아지는 자신을 느끼며 인생을 다시 생각할 것이다. 그 시절 대부분의 여성은 전형적인 여성의 삶에 순응하며 살아가던 시대이다. 목숨 건 폭포 타기에 성공했지만 현실은 만만하지 않았다. 그녀가 개최한 강연회에서도 용감한 여성이 초라한 할머니였다는 사실에 사람들은 관심을 가지지 않았다. 그녀는 매니저에게 속기도 여러 번 했다. 애니 테일러는 한동안 사진 포즈를 취해주고 폭포 앞에서 기념품을 팔며 겨우 생계를 유지했다. 그녀는 끝까지 구빈원에 들어가지 않았다. 이왕이면 그녀의 삶이 더 풍요로웠으면 좋았겠으나 그녀의 도전에 딴죽을 걸 사람은 아무도 없다. 세상의 그 누구도 그녀만큼 용기를 낸 사람은 드물다. 그녀의 도전에 세상은 차가웠지만 인생에 맞장 뜬 용기와 그녀의 도전정신은 뜨거운 청춘이다.

주변사람들의 염려에 쉽게 의지가 꺾이는 여성에게 폭포여왕 애니 테일러의 이야기는 여성이어서 안 된다는 편견에 아니다라고 과감하게 반기를 들 수 있는 스토리임에 틀림이 없다. 윤택한 노년을 살지는 못했지만 최초로 나이아가라 폭포 낙하에 성공한 사람이 애니 테일러라는 사실은 변함이 없다.

그만 휘둘리자

당신은 하고 싶은 말이나 무언가를 선택해야 할 상황이 되면 자신이 하고 싶은 대로 한 적이 많은가. 오랜만에 가족이 함께하는 외식에도 당신이 원하는 메뉴를 선택하여 주문했는가. 아니라면 누구의 결정을 따랐는가. 배우자나 친구, 자녀가 원하는 음식을 선택했는가. 원하는 메뉴가 있음에도 왜 자신의 의견을 말하지 않았나.

회의시간이다. 밤새워 고민한 기획안에 대해 당신은 아직 입도 벙긋하지 못하고 있다. 무엇이 당신의 결정을 방해하는가. 몇 달간의 고된 일정을 마치고 당신은 여행을 계획하고 있다. 당신은 파리에서 문화도 즐기고 쇼핑도 하며 맛있는 현지 음식을 먹고 싶다. 그런데 함께 여행할 친구의 의견에 좇아 마음에도 없는 아프리카 오지탐험을 하고 있다. 당연히 마음과 몸이 지쳐가고 후회를 하고 있다.

많은 사람이 내가 바라는 나와 현재의 내가 달라 어려움을 겪고 있다. 무엇 때문에 사람들은 원하지 않는 메뉴를 주문하고, 원하지 않는 대학을 가며, 원하지 않는 곳을 여행하고 있는가. 우리는 많은 이들에게 휘둘리고 있다. 직장 상사의 권위에 휘둘려 내 의견을 주장하지 못하고 가족의 의견에 휘둘려 내가 원하는 메뉴를 주문하지 못한다. 아니 이 정도는 사소하니 봐줄 만하다. 그런데 당신의 인생에 중대한 결정조차 다른 사람의 의견에 휘둘려 나중에 후회하는 삶을 살게 되는 것은 어떻게 할 것인가. 끊임없이 타인과 여러 상황과 환경에 휘둘려서 그럭저럭 살아왔다고 하자. 후일 후회는 없을까. 만족스런 인생을 살고 있다고 알찬 삶을 살았다고 할 수 있는가. 문제는 내가 결정하지 않고 휘둘리며 산 인생에 대한 공허함은 어찌할 것인가.

세계적인 여성커리어상담 프로그램 'PLAYING BIG'의 창설자이며 현재 미국에서 가장 영향력을 가진 여성 중의 한 사람으로 꼽히는 타라 모어는 자신의 책《나는 더 이상 휘둘리지 않기로 했다》에서 시원한 답을 제시했다. 저자는 우리가 휘둘리지 않으려는 이유가 자신의 삶을 스스로 결정하기 위해서라고 한다. 주위의 시선이나 두려움에 의해 나의 행동을 결정하는 것이 아니라 본인의 감정, 생각, 바람에 의해서 결정하기를 원하는 이유 때문이다. 그럼 휘둘리지 않는 자기 결정력은 어떻게 만들어지나?라는 질문에는 내가 원하는 것이 무엇인지, 자신이 어떤 사람이 되고 싶은지를 분명히 아는 것에서부터 출발한다고 말한다. 많은 사람이 이 부분에 대해 정확히 모르기 때문에 휘둘린다는 것이다.

타라 모어는 타인에게 호감을 사려고, 남에게 비난받지 않으려는 마음에, 자신의 마음을 드러내지 않는 행동은 내면의 두려움 때문이라고 한다. 여성은 오랫동안 자신의 재산을 소유하는 것도 금지되어 있어서 경제력으로 자신을 보호하기도 어려웠다. 이러한 점 때문에 여성은 다른 사람에게 평가 받는 것을 남성보다 더 두려워하게 되었다는 것이다. 작가는 결국 내가 원하는 사람이 되는 것, 그것이 세상을 변화시킨다고 말한다. 자신이 원하는 사람이 되기 위해서는 우리가 그 일을 진정으로 원할 때이다. 이는 꼭 해야 한다가 아닌 '하고 싶다'라는 긍정적인 목표를 가져야 원하는 나를 이룰 수 있다는 주장에 공감한다. 당신 외에 그 누구도 당신을 마음대로 휘두르게 두지 말자. 세상의 중심은 당신이다.

성공을 방해하는
최대의 적은 나

커리어 관리에서 여성들은 지나치게 머뭇거리고 조심스러운 태도를 취한다. 모험을 하고자 결심했지만 막상 현실에 부딪치면 내가 왜 이리 무모한 생각을 했던가. 지금 이대로 살아도 내 인생에 별문제 없을 텐데 무엇 때문에 고생을 사서 하려고 하지. 이러다 왕창 망하는 거 아니야. 괜히 시작했다가 망신만 당하면 어떡하지. 나 자신도 잘나가는 커리어 우먼으로 살다가 창업을 결심했을 때 이런 생각을 수없이 하며 밤잠을 설치기 일쑤였다.

우리가 성공을 향한 사다리를 타기 시작했을 때 견고한 성처럼 끄떡하지 않는 수많은 외부의 적을 만나게 된다. 힘겨운 적들을 상대해서 하나씩 승리하고 나서도 여전히 성공으로 향하는 길이 멀게만 느껴질 때, 또는 이미 그전에 당신에게 무엇인지 모를 감정들이 스멀스멀 의지를 꺾을 때 우리는 싸워내야 할 상대가 외부만이 아닌 다른 곳에도 존재하는 것을 알게 될 것이다.

성공을 가로막는 강력한 적은 내부의 적인 바로 당신이다. 나의 어딘가에 차갑고 어둡고 초라한 방이 있다. 그곳에서 또 다른 모습의 내가 기거하며 끊임없이 당신을 끌어내리려 하고 있다. '네 주제에 무슨. 정신 차려. 능력이 되기나 하니.' 이 부정의 방에 사는 괴물은 지치지도 않고 끊임없이 나를 작고 초라하게 만든다. 자신의 역량보다 더 큰 모험에 도전할 때 여성들은 이런 또 다른 자신의 생각 앞에서 두려움을 가지거나 겁을 먹는다.

고대 그리스의 대표적인 철학자였던 플라톤은 대표적인 저서 《국가》에서 여성이 남성보다 체력적으로 약하다는 것 말고는 여성과 남성의 근본적인 차이는 없다고 했다. 그는 통치하는 일에서도 여성이기 때문에 여자가 해야 하는 일이 있고, 남성이기 때문에 남자가 해야 하는 일은 없다고 한다. 고로 남성과 여성은 같은 일을 할 수 있고 같은 교육을 받아야 한다고 말했다.

이렇게 위대한 철학자 플라톤은 남성과 여성 누구나 통치자가 될 수 있다고 주장했다. 이는 이미 2,500년 전 여성의 사회적인 지위가 매우 열악했던 그리스에서 플라톤이 한 말이다. 당신에게도 이미 충분한 능력이 있다. 아직 성공하지 못했다면 당신의 부정적인 생각이 장벽을 치고 가로막고 있는 것은 아닌지 내면의 소리에 집중해 보자.

'나는 그것을 할 수 없어'라는 부정적인 생각에 빠지고 이러한 생각을 반복적으로 한다면 당신의 예언대로 실행될 것이다. 부정적인 기대를 지속적으로 하기 때문에 실패할 확률은 더욱 높아지는 것이다.

최고의 실력을 가진 어떤 여성 미용인은 대학에서 여러 차례 강의해줄 것을 요청받았지만 엄두를 못 내고 포기했다. 자신이 모르는 타분야가 아닌 너무 잘 알고 자신 있는 헤어 분야에서 말이다. 용기가 없기 때문이다. 우리 주위에는 이처럼 능력이 있음에도 불구하고 용기를 갖지 못하고 뒤로 움츠러드는 여성이 의외로 많다. 성공하려면 용기는 필수적이다. 그리고 시도해야 한다. 크고 작은 모험을 피하지 말라.

일찍이 플라톤은 "인생을 살아가는 데 있어서 아름다운 진실은, 자신의 마음가짐을 바꾸기만 하여도 현실을 변화시킬 수 있다"고 했다. 현재를 살아가는 우리가 마음 깊이 새기며 실천해야 할 명언이다. 아무것도 하지 않으면 아무것도 될 수 없다. 이런저런 작은 모험부터 시도해보자. 당신의 걱정처럼 어떻게 되지 않는다. 소망하고 시도하지 않으면 절대 뜻하는 바를 이룰 수 없다. 시도하라. 도전을 시작한 당신에게 박수를 보낸다.

여성 리더가
여성 부하를 대할 때

여성은 여전히 최고경영자CEO에 도달하는 경우가 드물다. 때문에 남녀 할 것 없이 부하 직원들의 충성도도 약하고 줄을 서는 경우도 소수다. 여성들조차 자신이 오를 수 있는 최고의 직책을 임원 정도에 한정시키고 있다. 동료였다가 승진을 하게 되면 여성 상사는 환영은 커녕 보이지 않지만 확연히 거부의 장벽을 느끼게 된다. 자연스럽게 고충을 함께 나누던 동료마저 당신에게 서먹하게 대할 때도 꿋꿋하게 견디어야 한다.

그것을 극복하고 나면 일부 여성 부하들의 일하는 태도가 하나의 장애로 나타난다. 남성 상관을 두었을 때는 하지 않을 행동을 보이는 것이다. 친절하거나 배려하는 모습을 보이면 만만하게 여겨 여성상사로 대하기보다 동료를 대하듯 한다. 같은 여성이니까 다 이해해야 한다고 생각하는 것은 잘못된 생각이다.

여성이 리더의 위치에 오르면 당연히 리더로서의 역할을 수행해야 한다. 여성적 부드러움도 좋지만 강인할 때는 강해야 하며 단호할 때는 단호해야 한다. 냉정할 때는 얼음처럼 차가울 수 있어야 리더다.

부하가 규정을 위반할 경우 당신은 그에 상응하는 조치를 해야 한다. 리더는 좋은 상사가 되기도 해야 하고 엄한 관리자의 역할도 함께 해내야 한다. 명심하라. 모든 사람을 다 만족시킬 수는 없다. 상사이면 윗사람의 역할에 걸맞은 행동을 하라. 때로는 단호하라. 직장은 동호회가 아니다. 친절하기만 한 리더는 좋은 성과를 내기도 어렵고 자신의 자리를 지키기도 힘들다. 달콤한 소리를 들으려고 그 자리에 있는 것은 아니지 않은가. 모두의 지지를 받지 못하겠지만 이 또한 버텨내야 할 일이다.

상사나 동료가 당신의 성과를 질투한다면 좌절하지 말라. 당신이 잘 나갈 때 손뼉 치며 축하해 주는 사람도 있지만 배경이 좋은 거 아니냐. 운이 좋았어라고 험담하는 말들에 상처받지 말라. 무심한 듯 무시하라. 그리고 실력을 쌓아라.

뒷담화 이겨내기

누구에게나 뒷담화에 관한 에피소드 하나쯤은 있다.《아직도 뒷담화 하시나요?》의 저자는 아이러니하게도 프란치스코본명은 호르헤 마리오 베르골료, JORGE MARIO BERGOGLIO 교황이다. 교황의 베스트셀러인《험담만 하지 않아도 성인이 됩니다》의 완결 편이다. 프란체스코 교황은 타인에 대한 험담과 뒷담화는 끔찍한 일이라고 하며 타인을 비방하고 뒷담화하는 것에 대한 주의를 주었다. 심지어 〈뒷담화를 멈추면 갈등도 줄어든다〉는 주제의 논문까지 나왔다(2016, 최환규, Insight Korea).

사람들은 뒷담화를 하면서 공통적인 유대감을 확인하기도 하고 스트레스를 풀기도 한다. 답답한 동료, 이중적인 사람 때문에 화가 날 때, 미운 상사, 얄미운 후배를 함께 험담하면 속이 시원하다. 심지어 뒷담화할 때만큼은 기가 막히게 박자가 잘 맞는 동료들도 있다.

관계지향적인 성향의 여성은 자신의 개인사를 동료나 친구에게 이야기하기도 한다. 그러나 자신의 의도와는 상관없이 친밀감에서 이야기한 당신의 비밀이 안타깝게 뒷담화의 소재로 활용되는 비극을

초래하는 경우가 있다. 당신의 이야기가 사람들의 가십거리가 되길 원하지 않는다면 너한테만 하는 이야기인데 같은 비밀을 함부로 이야기하지 말라.

집단적인 따돌림의 시작도 뒷담화에서 시작하는 경우가 많다. 당하는 여성은 비공식적이거나 공식적인 소통에서 단절된다. 카더라 통신은 어느 사이 그렇다로 단정지어지고 사실여부와 관계없이 기정사실화 되어버리는 것이 현실이다.

남의 이야기를 할 때는 유쾌하지만 뒷담화의 대상이 당신일 때는 기가 막힌다. 앞에서는 모든 것을 이해하는 것처럼 사람 좋은 얼굴을 하고 뒤에서는 당신에 대한 험담을 생중계하는 사람, 한껏 치켜세워 기분 좋게 만들었다가 뒤에서 당신의 업무 능력을 비난하는 상사는 억장이 무너지게 만든다. 동료가 남을 헐뜯거나 흉볼 때 끼어들지 말라. 내가 생각 없이 내뱉은 한마디가 다시 돌아온다고 상상해보라.

여성 외모에 대한 남성들의 뒷담화도 비일비재하다. 성숙하지 못한 행위다. 다른 사람에 대한 험담이 처음에는 달콤하고 재미있으나 결국에는 모두를 불쾌하게 만든다. 뒷담화나 험담하고 싶은 마음은 버리자. 당신에 대한 비난이나 험담이 쓸데없는 것이라면 무시해버려라. 그 사람은 당신뿐 아니라 많은 사람을 안주거리로 삼고 잘근잘근 씹고 있을 것이다. 원래 그는 그 정도 그릇의 소인배이다. 그 화살은 멀지 않아 본인에게 돌아가게 되어 있다.

유명한 여성 커뮤니케이션 학자인 엘리자베스 노엘레노이만ELISA-BETH NOELLE-NEUMANN은《침묵의 나선》이라는 책을 통해 침묵의 나선 이론Spiral of Silence Theory을 주장했다. 이 이론은 자신이 생각하는 의견이 사회적으로 우세하고 다수의 의견에 속한다고 여기면 자신의 목소리를 내고, 자신의 생각이 소수의견에 속한다고 느끼면 침묵한다는 주장이다. 다른 사람의 뒷담화나 험담을 했을 때 함께 있던 사람이 동조했고 반대하는 사람이 없었다고 해서 뒷담화하는 사람의 의견에 모두 동의하는 것은 아니다.

고립되기를 원하는 사람이 어디 있겠는가. 엘리베이터 안에서 만난 이웃이 당신을 투명인간 취급했을 때, 복도에서 동료에게 아는 척했는데 모른 척 지나갈 때 이러한 상황을 원하는 사람은 없을 것이다. 그럴 이유가 있을지도 모르지만 그 순간의 당혹감은 말할 수 없이 불편한 마음을 가지게 한다. 선거에서 막판 뒤집기 같은 현상이 일어나는 것도 침묵의 나선 이론으로 해석이 가능하다. 미국 대선에서 트럼프가 예측을 깨고 대통령에 당선된 것도 이러한 경우에 해당된다. 즉 사람들은 고립되는 두려움을 피하기 위해 다수의 의견에 공감하는 척하거나 아예 침묵해 버린다는 내용은 설득력이 있다.

뒷담화를 즐기는 곳에는 들어가지 말라. 소외되기를 원하지 않기 때문에 참여할 필요는 없다. 그들이 진실만을 이야기하던가. 어쩌면 그 자리에 없는 자기들끼리도 서로 없을 때 험담할지 모른다. 자기 방식대로 해석하고 말을 만들어낸다. 사소한 것이 점차 큰일이 되어 뒷감당이 안 되는 일도 일어날 수 있다. 문제가 생겨 소문의 진원지를 파헤치다 보면 자신이 한 말에 대해 책임을 져야 한다.

다른 사람의 뒷담화를 하는 사람은 신뢰할 수 없다. 과연 이들의 인간관계 질은 얼마나 높겠는가. 분위기에 휩싸여 내뱉지 말라. 어떻게 새어나가 부메랑이 되어 돌아올지 알 수 없다. 뒷담화하는 사람을 타이르는 오지랖을 보일 필요도 없다. 언제 당신 이야기를 수군거리고 있을지 모른다. 인간관계는 오묘하다. 이 순간에도 누군가를 향한 뒷담화는 계속되고 있다.

chapter 7

여성과 권력, 그리고 정치

여성은 남성에 비해 상대적으로 덜 권력지향적이다. 뚜렷한 관심을 나타내지 않는다. 여러 가지 이유가 있겠지만 아마도 어렸을 때부터 종속적으로 성장하거나 또는 가정을 지키는 역할에 충실했던 것이 권력으로부터 심리적으로 멀어진 원인일 것이라 생각 한다.

그러나 직장 일을 하는 여성이라면 자연스럽게 승진을 기대하게 될 것이고 그러노라면 알게 모르게 권력지향이 되지 않으면 안 된다. 권력에 대하여 부정적이거나 회피하는 사람이 조직내에서 권력의 자리에 오를 수는 없기 때문이다. 운 좋게 권력을 거머쥘 수는 있겠지만 곧 실패하고 말 것이다.

"나는 마치 권력이
본래 가질 만한 것이 못 된다는 것처럼 행동하는 것이 싫습니다.
권력의 반대말은 힘이 없는 것,
바로 무기력입니다."

- Angela Merkel, 《생각하는 여자는 위험하다》에서

여성에게
'권력'이란 무엇인가?

《여성, 리더 그리고 여성 리더십》의 저자인 김양희는 남성의 성공적인 삶에 대해서는 사회에서 어느 정도 일관성 있는 합의가 생성되어 있는 반면에 여성의 만족스럽고 의미 있는 삶에 대해서는 아직 사회적 공감대가 부족하다고 한다. 여성이 야망을 바깥으로 표현하는 것이 여성답지 못하다고 훈련받은 것이라는 저자의 의견에 공감한다. 윌리엄 클라크의 유명한 어록인 "소년이여, 야망을 가져라Boys, be ambitious"란 말처럼 남성에게 야망은 기대되는 것이고, 여성에게 야망은 어울리지 않는다는 것으로 여겨진다.

야망은 곧 권력의지다. 그렇다면 여성에게는 권력의지가 없는 것일까? 결코 그렇지는 않다. 전 세계적으로 여성 지도자의 등장이 늘어나고 있다. 2016년 1월16일 치러진 대만 총통 선거에서도 대만 역사상 처음으로 여성 총통이 당선되었다. 대만의 민진당 차이잉원蔡英文59 주석이 국민당 후보를 누르고 8년 만에 정권 교체에 성공한 것이다. 독일의 메르켈은 여전히 세계적인 정치가로 훌륭한 리더십을 발휘하고 있고, 미국의 힐러리 전 국무장관도 여성대통령에 도전했다. 여성의 정치 참여는 더 이상 예외적인 것이 아니지만 현실에서는 여성정치인이 소수인 것은 사실이다.

독일의 법률가이자 사회학자인 막스 베버Max Weber는 "권력이란 사회적인 관계 속에서 자신의 의지를 타인의 반대에도 불구하고 의지를 바꿔 관철시킬 수 있는 기회라고 했다." 가부장적인 문화로 인하여 한국 여성은 가정이나 사회에서 남성에게 양보하는 것이 당연한 미덕으로 여겨지기조차 했다. 여성은 여성다워야 한다는 이유로 경쟁을 하거나 성취감을 드러내는 것이 여성 경력에 부정적인 영향을 끼친다. 대개 남성들은 권력을 긍정적인 의미로 바라보고 여성들은 권력의 어두운 점을 보며 여전히 부정적인 시선을 가지는 경우가 많다. 당신이 실무적으로 아무리 탄탄한 능력을 가지고 있다 하더라도 그에 맞는 지위를 가지고 있지 않으면 사람들은 움직이지 않는다. 당신의 의견을 제대로 들으려고 하는 마음을 생기게 하는 것이 권력이다.

권력이 있는 사람은 영향력이 있고 유익한 정보를 가질 수 있다. 권력이 있는 사람은 많은 것들을 통제할 수 있다. 권력을 효율적으로 활용하기 위해서 여성도 남성의 위계질서를 인정해야 한다. 권력은 원하든 원치 않든 사회 곳곳에 존재한다. 당신의 지위가 오를수록 회사에서 부여하는 특권들, 이를테면 자동차, 사무실 크기, 같은 것을 포기하지 말자. 당연히 이러한 권리를 이용하여 자신의 지위에 맞게 행동하는 것이 필요하다. 여성이 권력을 가지면 사회 불균형의 문제도 개선될 수 있다.

　당신의 야망이 정당함을 믿어라. 자신의 야망을 중요하게 생각하고 나의 선택을 존중해라. 큰 꿈을 가져라. 자신의 재주와 능력을 향상시켜 사회에 기여할 의무가 있다. 최고가 되기 위해 애쓰라. 당신의 자녀가 자랑스럽게 생각하는 엄마가 되라. 아이에게 최선을 다하지 못했다는 엄마로서의 자격지심보다 아이의 롤 모델이 될 수 있다. 야망 있는 여성이 되자. 당신을 충분한 자격이 있다. 진정한 리더가 되어라.

여성에게도
정치력은 필수다

　사회생활의 시작과 끝은 모두 '사람'에 달려 있다. 사람으로 인해 기쁘고 사람으로 인해 죽을 만큼 괴롭다. 조직에서 인간관계만큼 어려운 것도 없다. 사람을 잘 이해하고 사람들과 관계형성을 잘해야 직장생활을 잘할 수 있다. 인간관계는 여성들의 장점이기도 하다. 다만 여성은 사적인 인간관계에 중점을 둔다. 이로 인해 손실을 보는 경우도 종종 발생한다. 꼴 보기 싫어도 표내지 말고 잘 지내야 승진도 하고 성공할 수도 있다. 원래 조직은 인간적이고 따뜻한 곳만은 아니다. 이를 받아들여야 한다. 먹고 먹히는 치열한 생존 터다.

　'실력만 있으면 성공하겠지'라는 생각은 어리석다. 실력보다 더 중요한 것은 조직 안에서의 처세술이다. 처세는 다름 아닌 정치력이다. 처세를 잘하기 위해서는 남성과 여성의 차이를 이해하는 것이 우선이다. 그래서 여성에게는 도무지 이해가 되지 않는 일을 왜 남성은 아무렇지도 않게 생각하고 행동하는지를 알아야 한다. 사회 전반적으로 여성의 지위가 높아지고 있는 것은 사실이나 여전히 남성의 게임방식이 중심으로 작용하고 있다. 남성 중심 방식에서 장점이라고 생각하는 것들은 이해하고 받아들여 조직생활을 좀 더 쉽게 풀어 나가자.

똑똑한 여성들이 위로 올라갈수록 사라지는 이유가 무엇일까? 여성도 어느 정도까지는 근무 연차에 따라서 본인의 역량과 노력 여하에 따라 올라 갈 수 있다. 그 이후부터는 높은 직급에 오를수록 여성의 숫자가 줄어드는데 묘하게 여성이 배제됐다는 느낌이 든다. 이유는 능력 외의 것들이 작용하는데 그 중에서 사내 정치의 영향력을 절대 무시할 수 없다. 이 때문에 많은 여성이 미래가 보이지 않는다는 생각에 퇴직을 결심하기도 한다.

직장 생활 내에서의 관계역학을 알아보자. 한국경제 매거진(2016년 02월 24일, 제1056호)의 국내 주요 기업 여성 임원 50명을 대상으로 한 여성 임원들이 가지고 있는 일에 대한 가치관, 직장 생활과 가정과 일의 조화를 이룬 비결을 들어보는 설문 조사에 의하면 여성 임원으로 일을 하며 어려운 점을 묻는 질문에 '사내 정치(32%)'와 '가정생활 양립(32%)'이라는 두 가지 답변으로 나눠졌다. 결국 국내 주요 기업의 여성 임원들은 사내 정치와 가정생활의 양립을 업무 수행시 가장 어려운 점으로 꼽은 것이다.

사내 정치에 대한 직장인의 인식은 일반적으로 부정적인 의견이 많지만 이 또한 피할 수 없는 일이라고 생각한다. 능력으로 평가받는 것이 공정한 것 같지만 현실은 어쩔 수 없는 필요악으로 없어지지 않을 것이라는 의견이 앞서는 것 또한 사실이다.

사내 정치Workplace politics 또는 Office politics 란 조직의 목표를 달성하는 것과 상관없이 개인의 이익과 어젠다를 추구하기 위해 권한을 사용하거나 조직을 형성하는 것을 말한다. 사내 정치는 조직 내에서의 신뢰를 무너뜨리고 비효율적일 경우가 많다. 억울한 피해자를 양산하기도 한다. 그러나 리더가 되려면 원치 않더라도 사내 정치력을 필요로 한다.

인사철을 맞아 승진자는 즐거워하고 승진하지 못한 자는 비통해한다. 나 또한 그런 경험이 한 번 있다. 당연히 될 줄 알았던 승진자 명단에 올라 있지 않을 때 속상한 마음을 금할 수 없었다. 그 당시에는 일만 열심히 하면 되는 줄 알았다. 이제 실력만으로 승진이 되지 않는다는 것은 우리가 익히 알고 있는 사실이다. 그 실력 외에 자주 거론되는 것이 '사내 정치'다. 코펜하겐 대학교의 심리학과 잉고 제틀러 교수는 사내 정치 활동이 없는 조직은 상상하기 어렵다고 했다. 제틀러 교수는 '사내 정치'라고 말할 수 있는 행동은 사람들이 상호적으로 교류하면서 자연스럽게 이루어지기도 한다는 것이다. 어떤 이는 심지어 두 사람 이상이 함께 일하는 조직이라면 어디에나 사내 정치는 존재한다고 한다. 이처럼 비즈니스 심리학의 세계적 전문가인 런던대학교 샤모로-프레무직 교수는 非사내정치적인 조직은 없다고 했다. 직원들의 성과를 평가하는 요소들이 많이 사용되더라도 결국에는 어떠한 일에 대한 결정은 사람의 몫이고 사람들은 태어날 때부터 정치적이라는 것이다.

원칙을 중요시하는 업무 스타일의 여성 리더는 능력과 소신이 자신의 장점이라고 믿으며 일에 열중한다. 이러한 여성 리더의 원칙중심 리더십은 주위의 정치력과 부당한 편견으로 위기를 맞게 되기도 한다. 이로 인해 스스로 스트레스를 받을 수 있다. 이때는 스트레스를 잘 컨트롤해야 하며 사내 파워게임을 파악함으로써 생존의 길을 찾아야 한다. 사내 정치도 필요하지만 더불어 나만의 강점을 무기로 승부하는 일 또한 중요하다. 남성의 세계는 주로 줄타기가 많고 'A' 아니면 'B'다. 주로 한 라인에 올인하기 마련이고 한 곳에 줄타기 하다가 실패하는 경우도 있다. 여성의 경우 공존 능력이 있기 때문에 타 라인에 대해서도 공감할 수 있는 장점이 있다. 남성은 비공식적인 장소에서 중요한 정보 교류를 많이 하는데 여성의 경우 잘되지 않는다. 거듭 말하지만 현실적으로 사내 정치에 무관심해서는 조직의 핵심리더가 되기는 어렵다. 기업에는 각종 조직과 위계질서가 있다. 자신의 위치가 조직 내에서 연결 고리가 약하다면 회사가 어려워질 때 구조조정 대상 1순위가 될 수밖에 없는 것이다.

《설득은 정치다》의 저자이며 조직 행동과 커뮤니케이션 분야의 권위자인 새뮤얼 컬버트는 조직의 구성원으로 가질 수 있는 최고의 설득력이란 결국 '정치력'으로 연결된다고 한다. 기업이든 직장인이든지 오래 살아남고 싶다면 상대방을 잘 설득할 수 있어야 하며 사내 정치 기술을 배워야 한다고 주장한다. 많은 남성이 군복무 경험을 통하여 상사 대하는 법이나 사내 정치를 자연스럽게 익힐 수 있는 반면에 여성은 조직 관계 경험에 서툰 경우가 많다. 이러한 경우에 여성 스스로의 노력으로는 한계점이 있다. 혼자서 할 수 있는 일보다 함께 할 수 있는 일이 더 많다. 그런 점에서 파트너십이 중요하다. 특히 남성과 적대 관계보다는 함께 윈윈할 수 있는 파트너십을 찾는 유연성이 필요하다. 꼭 필요한 만큼의 정치력은 내가 원하는 목적을 실현하기 위해서 필요하다. 정치력은 조직에서의 생존과 성공을 위해서 필요한 능력이다. 자신의 존재 가치를 어필하기 위해 눈물겨운 노력을 하면서도 자신에게는 정치력이 없다고 하소연한다. 신입사원 시절에 알 수 없었던 일이 연차가 거듭될수록 이해되기 시작할 것이다. 사람들은 무리를 만들고 그 안에서만 정보를 공유한다. 비공식적 무리에서 중요한 정보가 오간다. 당신만 그 정보를 모르고 있다면 앞으로의 회사 생활이 고단해질 수 있다. 직장생활에서 인정받기 위해서는 성과를 내야 한다. 나 혼자만 잘나서 낼 수 있는 성과는 약하다. 주변 사람들의 도움을 받아서 함께 시너지 효과를 내면 훨씬 더 큰 성과를 낼 수 있다. 원치 않아도 사내 정치를 무시할 수 없는 이유다.

성공한 여성은
모두 독종일까?

남자의 성공은 노력의 결과라고 말하며 사람들은 호의적인 시선으로 바라본다. 성공한 여성에게도 같은 말을 할까? 성공한 여자들에게는 '독종'이라는 말이 따라 붙는다. 독종은 얼마나 독한지 바늘로 찔러도 피 한 방울 나지 않을 것 같이 매우 독한 성격의 사람이란 의미로 흔히 사용된다. "그 여자 진짜 독종이야"란 말에는 '인간미라고는 없는 차갑고 똑 부러지며 유연성이 부족한'이란 부정적인 뜻이 포함되어 있다. 반대로 성공한 남성에게는 그들의 피나는 노력의 결과에 대해 관대하다. 드라마에서도 남성의 캐릭터는 다양한 모습으로 표현되는 반면 유능한 커리어 우먼에게는 성공을 위해서는 무엇이든 할 것 같은 독종이거나 타인의 도움으로 성장하는 스토리 일색이다.

특히 드라마 속 여주인공들은 예쁜 외모에 회사에서 업무에 미숙하고 실수를 연발하지만 멋진 남자 주인공의 도움으로 성장하는 모습이 비일비재하게 그려진다. 실제 사회에서 이런 여성이 매력적일까. 답답하여 함께 일하기 힘든 직원이 되고 만다. 여전히 드라마에서 여성은 독하거나 미성숙한 존재로 투영되고 있는 현실이 안타깝다.

특히 미디어에서는 사회적으로 성공한 여성의 성공 스토리보다는 그녀들의 사생활 뉴스나 패션, 약점 거리가 될 만한 내용들을 담은 기사가 넘쳐난다. 여성이 야망이라고 펼치려 들면 "여자가 너무 욕심이 많아"라는 시선에 많은 여성들이 성공을 원하지만 한편으로 사회적 편견에 두려운 마음을 가지게 된다. 잘나가는 배우자를 둔 남편을 부러워하기도 하지만 한편으로 그런 독한 여자나 거센 여성을 만나 힘들 것이라는 말도 서슴지 않는다.

성공한 여성들을 향한 이러한 사회적 편견에 휘둘리지 말자. 당신의 커리어에 집중하라. 반대로 너무 쉬운 길을 택하지도 말자. 필요에 따라 독하다는 이미지가 필요한 경우도 있다.

모 은행 여신 업무를 담당하는 부서에 팀장으로 발령 받은 김정은 대리는 출근하는 첫날부터 머리가 지끈거렸다. 그 팀의 일원인 박정수 팀원 때문에 골머리를 앓고 있다. 그는 같은 나이에다가 여성이 직속 상사로 부임한 것이 못마땅하다. 회의 시간이나 업무 지시에도 그녀에게 늘 딴죽을 걸었다. 이왕이면 잘해 보려고 좋게 받아주고 이해를 시키려 애썼으나 한번씩 도를 넘는 그의 행동에 김정은 대리는 지쳐버렸다. 어떻게 해야 할까. 이 직원 때문에 박 팀원과의 갈등을 피해 애매모호한 일처리를 한다면 리더로 자격미달이다. 그를 타부서로 배치한다고 해도 비슷한 일은 또 일어날 것이다. 팀장이 되었다면 그만한 자격과 능력이 있어서 한다.

박정수 씨는 그 부분은 인정하지 않고 동갑에다가 여성에게 지시를 받는 것이 무조건 싫은 것이다. 여신 팀의 진정한 리더가 되어 함께 협력하는 팀을 만들고자 한다면 이 불편한 박정수 씨를 어떻게든 당신의 충성스런 부하직원으로 만들어야 한다. 당신이 상사임을 제대로 인식시키라. 정당한 이유 없이 계속 시비를 걸고 상사의 지시를 무시하면 어떤 불이익이 따르는지도 분명히 알려라. 어려움이 있겠지만 당신의 리더십이 제대로 발휘된다면 그는 더 없이 협조하는 직원이 될 것이다.

여전히 우리나라에서 일을 가진 여성이 착하게만 살아서는 리더는 커녕 직장에서 살아남기조차 힘든 것이 현실이다. 특히 일과 가정을 양립해야 하는 기혼여성의 입장은 더욱 만만치 않다. 집안일 제대로 다하고 일을 완벽하게 해낸다는 것이 쉬운 일인가. 자신의 인생에 주인공으로 살며 쉽게 포기하지 않고 앞으로 나아가는 여성, 일을 할 때는 맡은 일에 책임을 다하는 여성이 멋지다.

여성이 성공 사다리를 올라가기까지 고군분투하는 모습이 안타까웠는지 오죽하면《여자, 독하지 않아도 괜찮아》란 제목의 책까지 등장했다. 저자인 나카야마 요코中山庸子는 책에서 똑똑하고 독한 슈퍼우먼이 되라고 강요하지 않는다. 작가는 책에서 여유와 감성, 그리고 세상을 살아가는데 꿈을 잃지 말라고 조언한다. 성공하기 위해 악바리처럼 마음의 여유를 잃고 독하게 살지 않아도 되는 방법을 조곤조곤 말한다. 그녀의 조언 하나를 들어 보면 자신의 권태로움을 친구나 연인에게 하소연해서 풀 수 있는 것이 다행이긴 하지만 친구나 연인처럼 가까운 사람이 늘 당신의 모든 것을 채워 주는 것은 아니라는 것을 깨닫는 것이 중요하다는 말에 공감한다. 당신에게 서운함을 주는 것이 당신을 싫어하는 것이 아니라 자신의 삶에 충실할 뿐이라는 사실을 받아들이는 것이 자신과 주위사람 모두에게 편안함을 준다는 말에 한 표 던진다.

당당하게 자신의 꿈을 밝혀라. 가족이나 다른 사람이 당신에게 독종이라고 하거나 이기적이라고 비난해도 흔들리지 말라. 야망을 가져라. 그럴 자격이 있다. 이끌려 가는 삶이 아닌 당신이 원하는 인생을 살기 위해서는 야망도 하나의 필요조건이다. 가족이 당신의 일부를 차지할 수 있지만 너무 많은 부분을 독차지 하게 두지는 말자. 세상은 일을 가진 여성, 특히 아이를 가진 기혼여성에게 지나친 욕심은 버리라고 한다. 희생을 이야기한다. 엄마라고, 아내라고, 딸이라고. 일부 맞는 말이지만 전부를 내어 주어서는 내가 없어진다. 나 자신의 자아는 묻어 버리고 온전히 그들의 누구가 되어야 하는 것은 아니다. 당신에게 의무만 있는 것은 아니다. 권리도 있음을 기억하라. '독종'이나 '야망'이라는 단어를 새롭게 해석하고 그것을 이루어 가는 과정이 얼마나 가치 있는 일인지 알기 바란다.

여성 리더의
인맥관리

　우리는 지금까지 수많은 사람들과 인연을 만들며 관계를 지속하고 있다. 사람이 재산이라는 말이 있다. 오프라 윈프리는 당신에 버금가거나 당신보다 나은 사람들로 주위를 채우라고 했다. 좋은 사람들이 좋은 에너지를 주기 마련이라는 그녀의 생각에 공감한다. 아쉬운 점은 사회 초년생일수록 여성들의 인간관계는 끼리끼리 문화가 확산되어 있다는 점이다. 마음에 드는 사람하고만 인간관계를 맺거나 낯선 타인에게 배타적인 모습을 볼 수 있다. 자신이 호감 가는 사람하고만 인간관계를 맺는다면 조직이나 사회생활에서 얻을 수 있는 이점은 한계가 있다.

　많은 사람들이 리더가 되기 위한 조건으로 폭 넓은 인간관계를 손꼽는다. 요즘은 특히 온라인도 한몫하여 블로그 친구나 페이스북 친구 수로 그 사람의 인맥을 가늠하기도 한다. 인맥은 사업을 하든, 직장생활을 하든 누구에게나 중요하다. 지금 당신의 스마트폰을 보라. 몇 명의 전화번호가 저장되어 있는가. 물론 그들이 모두 당신의 인맥이라고 할 수는 없다. 최근 5년 이내에 연락한 일이 없다면 더욱 그러하다. 인맥은 무조건 새로운 사람을 만나는 것만이 최고가 아니다. 지금 알고 있는 사람들과 꾸준히 관계를 유지하는 것 또한 중요하다. 남성은 인맥 만들기에 열심인 반면 대부분의 여성은 인맥의 중요성은 인식하지만 일과 가사를 병행 하느라 남성에 비해 소극적이었던 것이 사실이다. 이제 여성도 적극적으로 사회생활을 하는 시대다. 여성들도 친목 정도의 인맥에서 좀 더 다양하게 인맥의 폭을 넓혀야 한다. 인맥이 이제는 능력이다. 업무 능력만 인정받으면 된다는 생각은 곤란하다. 회사는 팀워크가 무엇보다 중요하다. 당신의 대인관계 능력은 어느 정도인가?

인맥은 능력이다

남성은 직장 내에서 지연과 학연을 이용하여 중요한 정보를 수집하고, 서로 봐주는 정략적인 친분관계를 만든다. 남성은 이와 같은 유대를 만들기 위해 상당히 노력한다. 이에 비하여 여성은 본인 업무에는 충실하지만 다른 부서나 외부 네트워크 구축을 위한 노력은 아직 부족하다는 의견이 있다. 관리자에게 요구되는 영향력 중에서 정보와 인맥은 중요하기 때문에 다양한 부서와 네트워크를 만드는 것은 업무에 훨씬 유리하다(김양희, 2006).

우리는 직장동료로 만났을 때는 친하게 지내던 사람이 이직이나 결혼 같은 이유로 헤어지게 되면 점차 소원해지는 것을 경험하게 된다. 인간관계라는 것이 당장은 소중하게 여겨지지만 시간이 지남에 따라 꾸준하게 관계를 지속시키려는 노력이 없으면 당연한 결과다. 특히 공적인 관계가 더욱 그러하다. 공적인 모임이든 사적인 모임이든지 누군가가 주도해서 모임을 만들고 꾸준한 만남을 지속한다면 그 모임은 오래 연결될 수 있다.

소식이 없다가 필요할 때만 연락이 오는 경우는 사실 당황스럽다. 대개 그런 사람은 자신의 목적이 끝나면 언제 봤냐는 식이다. 반대로 누구나 혼자서 모든 일을 할 수 있는 만능이 아니므로 누군가의 도움이 필요로 할 때가 있다. 그래서 인맥은 처음부터 꾸준히 관리해야 한다.

세계적인 경영학자인 피터 드러커Peter Ferdinand Drucker 박사는 현재는 노하우know-how보다도 노후know-who가 더 중요하다고 말한다. 누구를 아느냐가 중요하다. 지금은 무엇보다 사람들과의 관계가 중요한 네트워크 시대다. 공존지수NQ:Network Quotient 가 높을수록 사회에서 타인과 소통하기가 쉽고 그것으로 얻은 것을 자원으로 삼아 성공하기가 더 쉽다.

흔히 인맥이라고 하면 과거에는 특정지역 향우회, 전우회, 동문 같은 것으로 범위는 한정적이고 결집력은 높았다. 지금은 인맥의 폭이 이보다 훨씬 다양하고 광범위하나 결집력은 낮아지는 형태이다. 특히 대인관계나 인맥관리는 리더의 중요한 능력으로 작용한다. '누구는 믿을 수 있는 사람'이라는 신뢰를 기본으로 한 인맥관리는 성공의 밑거름 역할을 한다. 진정한 인간관계는 거창한 것이 아니라 작은 관심에서부터 시작한다. 많은 사람을 일일이 챙기는 것이 쉬운 일은 아니다. 요즘은 전화나 문자, SNS를 통해 안부를 전할 수 있는 방법을 활용하는 것도 좋은 방법이다. 아시다시피 경조사 챙기기는 정말 중요하다. 회사가 공식적인 장소라면 결혼식이나 상가를 방문하는 비공식적인 장소에서 사람들과의 교류도 업무만큼 중요한 것이다.

필요한 모임에는 꼭 참석하려고 노력하라. 여성은 남성만큼 자유로운 인맥관리가 쉽지 않다. 자신이 일하고 있는 분야에 관심을 기울이면서 주변의 환경을 활용하는 지혜도 필요하다. 물론 인맥관리가 소모적인 것이 되어서는 안 된다. 생산적인 인간관계를 만들자. 인맥뿐만 아니라 인간관계는 진심으로 늘 노력해야 오랫동안 관계를 유지할 수 있다.

날자 더 높이!

여성성이 대세다

체력이 많이 떨어져 헬스클럽을 찾았다. 운동을 제대로 하는 법을 배우기 위해 개인 트레이닝을 신청했는데 20대 중반의 남성 트레이너가 나를 전담하게 되었다. 예쁘장한 얼굴에 몸은 울퉁불퉁한 근육질로 남성미가 넘친다. 이런 트레이너가 요즘 인기가 많다고 한다. 한국은 세계에서 남성들이 가장 여성화된 국가 중의 하나다. 예전에는 상상도 못했지만 화장하는 남자를 만나는 것이 그리 드문 일도 아니다.

세미나에서 만난 남성 CEO의 피부가 너무 좋아 칭찬했더니 당연한 듯이 피부과에서 정기적으로 관리를 받고 있다고 한다. 심지어 군대에 갈 때도 선크림을 챙겨가는 신세대들이다. 이제 외모에 대한 관심이 여성 못지않다. 점점 남성의 여성화 경향이 커지고 있다. 요리는 여자가 한다는 고정관념도 낯선 용어가 되어 가고 있다. 남성 쉐프 열풍의 대표 주자인 요리 연구가이자 경영인인 백종원 씨는 전 국민을 주방으로 가게 만들고 있다. 이렇게 전반적으로 여성성이 사회 전체적으로 스며들고 있다. 각종 요리 프로그램에도 훈남 세프들이 등장하고 있다.

연상연하 커플도 더 이상 보기 드문 일이 아니다. 요즘은 맛깔난 요리 솜씨로 여성들의 인기를 한 몸에 받는 남자인 '게스트로섹슈얼gastro-sexual'이 새로운 트렌드로 부각되고 있다. '게스트로섹슈얼gastrosexual', '메트로섹슈얼metrosexual', '초식남' 같은 매력적인 남성상인 이들 역시 여성성이 강하다는 특성을 가지고 있다.

약해지는 성차의 구분

이러한 시대적 트렌드의 변화에도 불구하고 현대사회에서는 여전히 남성과 여성은 각각의 성에 맞는 성 역할과 성 정체성을 요구받고 있다. 여기에서 벗어난 사람에 대해서는 특별한 이유 없이 거부감을 가지는 경우가 다반수다. 그러나 여성과 남성의 성차의 구분이 점차 약해지고 있다. 남성성과 여성성, 여성과 남성의 고착화된 역할, '남성답다'와 '여성답다'의 구분에 대한 문제는 점차 여성이 경제활동에 참여하는 비율이 늘면서 문제가 대두되기 시작했다. 최근에는 이러한 남녀의 역할을 양분하는 생각이 조금씩 변하고 있다. 성역할에 대한 구분은 남녀 모두에게 억압적이다. 따라서 성역할에 대한 고정관념에서 벗어난 유연한 사고가 필요하다. 여성성이 남성성만을 강화한다고 경쟁력을 가지지는 않는다. 여성성의 대표적인 특징인 관계성, 공감, 소통 능력 같은 여성성의 장점을 잘 발휘할 때 경쟁력을 발휘하며 빛날 수 있다.

이렇게 지금은 여성성이 대세요 트렌드다. 일찍이 세계적인 경영학자인 피터 드러커는 21세기를 '여성의 세기'라고 했다. 이렇게 오늘날은 여성성이 대세인 시대로 변화하고 있다. 그럼 여성성을 마음껏 발휘해야 할 여성들이 이러한 시대의 요구를 잘 활용하고 있는가. 한국에서 여성이 고위직을 차지하는 비율은 저만큼 뒤쳐져서 헉헉거리고 있는 실정이다. 안타깝지만 아직도 사회 주류를 형성하지 못하고 있다. 여성 리더들이 각계각층에서 다양하게 등장하며 활발한 활동을 하지만 아직 한계가 있다. 우리나라에서 여성인력의 활용은 여전히 소극적이다. 여성인력 활용이 예전에 비해서 나아졌다고 하나 여성에 대한 차별적인 관행과 대우가 여전하다. 특히 승진에 있어서는 그 관행이 더욱 두드러진다. 그렇다고 체념할 수는 없는 노릇이다. 우리나라가 더 나은 선진국으로 가기 위한 중요한 열쇠는 세상의 반인 여성인력을 어떻게 개발하고 활용하느냐에 달려 있다. 그러기 위해서는 우선 여성 스스로가 변해야 한다. 우리 사회도 변해야만 한다. 여성들이여 준비되었는가? 함께 달려보자.

여성이여, 영향력을 지닌 리더십에 도전하자

흔히 리더십이라고 하면 경영자, 임원, 관리자 같이 조직을 이끌어 가는 사람들에게만 필요하다고 생각할 수 있지만 이는 잘못된 생각이다. 남성은 주로 공식적인 권력이나 권리 하에서 리더십을 발휘했다. 그럼 여성은 주로 어디서 리더십을 발휘했을까. 여성들은 주로 일반적인 생활 속에서 그녀들의 리더십을 발휘했다고 할 수 있다. 이제는 여성도 일상이 아닌 영향력을 지닌 리더십에 도전하여 진정한 여성 리더십을 발휘하여야 할 시대다.

《아이언 버터 플라이》의 저자인 버루트 레진은 저서에서 앞으로 실현될 여성의 힘은 집단의 힘이라고 했다. 남성의 시대에는 자율성, 개체성, 독립성의 유형이라고 할 수 있는 존웨인, 슈퍼맨, 론 로저처럼 겁없고 힘이 센 강한 남자가 존경받아왔다. 하지만 여성의 시대에서는 여성적 모델이 인정받게 될 것이고 저자는 여성적 모델이라고 해서 꼭 여성을 뜻하는 것은 아니라고 했다. 공동체와 상호의존성의 힘과 집단적인 노력을 함께 가지고 있는 여성과 남성 모두를 뜻한다는 저자의 의견에 동의한다.

이제까지 여성들은 사회에서 부당한 대우와 원치 않는 일을 당했을 수 있다. 중요한 것은 체념하거나 포기하지 않고 그것에 복종하지 않아야 한다. 스스로 약자가 되지 말자. 도리어 더 강한 마음을 가지자. 반가운 일은 많은 기업에서 여성인력을 반기는 분위기라고 한다. 여성들의 사회진입 의지와 야망이 강하고 무엇보다 기업이 원하는 실력을 갖추고 있다는 것이다.

요컨대, 여성은 여성성만 있는 것이 아니고 남성성도 가지고 있다. 남성 또한 마찬가지로 남성성과 여성성을 함께 지니고 있다. 어느 하나의 성만을 발휘하기보다 우리 안에 있는 여성성과 남성성의 장점을 잘 활용하는 리더십을 발휘한다면 훨씬 더 많은 시너지를 창출할 수 있다. 여성들은 좀 더 영향력 있는 일을 맡게 될 것이고 남성 또한 혼자서 모든 것을 해결해야 하는 책임감의 무게에서 벗어나야 할 때다. 그럴 때 더욱 효과적일 것임은 물론이다.

많은 여성들이 사회생활을 하며 성장하고 승진하기 위해 고군분투한다. 그러나 본인들의 노력에도 불구하고 자꾸만 보이지 않는 벽에 부딪치며 좌절하게 된다. 그 중 일부는 포기해 버리고 일부는 온 힘을 다해 여전히 사다리를 오르고 있다. 나 또한 이러한 어려움에 좌충우돌하며 커리어를 쌓아 나갔다. 내게 좋은 롤 모델이나 조언해 줄 사람이 절실했지만 아쉽게도 만날 수 없었다. 직장의 보이지 않는 룰을 모르면 자기의 권리를 찾기도 힘들고 사적인 관계에서도 어려움에 부딪친다. 이 책이 직장생활의 어려움을 겪고 있거나 겪게 될 여러분들에게 좋은 가이드가 되길 진심으로 바란다. 이미 여기까지 이 책을 다 읽은 여러분 이제 일상에서의 실행만 남았다. 세상 모든 여성들의 건투를 기원한다.

참고문헌

- 《여자로 태어나 위대한 리더로 사는 법》, 바바라 켈러먼과 데보라 L. 로드, 한스미디어, 2010
- 《여자는 어떻게 원하는 것을 얻는가》, 린다 뱁콕, 사라 래시버, 한국경제신문, 2012
- 《한국인에게 문화가 있는가》, 최준식, 사계절, 1997
- 《한국인의 심리코드》, 황상민, 추수밭, 2011
- 《신데렐라 콤플렉스》, 콜레트 다울링, 나라원, 2002
- 《당신, 충분히 예쁜 사람》, 로지 몰리너리, 위즈덤하우스, 2016
- 《모나리자신드롬》, 우테 에어하르트, 글담(인디고), 1996
- 《사기꾼증후군》, 해럴드 힐먼, 새로운 현재, 2014
- 《자기만의 방》, 버지니아 울프, 민음사, 2016
- 《블링크》, 말콤 글래드웰, 21세기북스, 2016
- 《위대한 직감》, 카렌 살만손, 예문, 2011
- 《남자보다 많이 버는 여자들의 비밀 25》, 워렌 패럴, 미래의 창, 2008
- 《How Women Rise》, Sally Helgesen, Marshall Goldsmith, Hachette Book Group, 2018
- 《성공에 이르는 놀라운 에너지 열정》, 제이 싱, 해바라기, 2006
- 《여성CEO들의 새로운 성공법칙 10가지》, 수잔 에이브럼스, 여성신문사, 2005
- 《독해지지 않고 약해지지 않고 여자가 성공하는 법》, 마리온 크나츠, 지훈, 2008

- 《회복탄력성》, 김주환, 위즈덤하우스, 2019
- 《여성영웅의 탄생》, 모린 머독, 교양인, 2014
- 《공부하는 독종이 살아남는다》, 이시형, 중앙북스, 2009
- 《공부는 망치다》, 유영만, 나무생각, 2016
- 《행복의 기원》, 서은국, 21세기북스, 2014
- 《원칙중심의 리더십》, 스티븐 코비, 김영사, 2001
- 《성공하는 여자는 대화법이 다르다》, 이정숙, 더난출판사, 2008
- 《거절의 힘》, 제임스 알투처, 클라우디아 알투처, 홍익출판사, 2015
- 《나는 더 이상 휘둘리지 않기로 했다》, 타라 모어, 문학테라피, 2015
- 《아직도 뒷담화 하시나요?》, 프란치스코, 가톨릭출판사, 2016
- 《침묵의 나선》, 엘리자베스 노엘레 노이만, 사이, 2016
- 《생각하는 여자는 위험하다》, 슈테판 볼만, 이봄, 2014
- 《여성, 리더 그리고 여성리더십》, 김양희, 삼성경제연구소, 2006
- 《설득은 정치다》, 새뮤얼 컬버트, 토네이도, 2008
- 《여자, 독하지 않아도 괜찮아》, 나카야마 요코, 마젤란, 2007
- 《아이언 버터 플라이》, 버루트 레진, 느낌이 있는 책, 2012
- 〈텔레비전 드라마 시청이 성형수술 행위의지에 미치는 영향에 관한 연구〉, 우형진, 언론과학연구, 2008